满堂花醉三千客

古代文人的诗词人生

魏无忌 著

台海出版社

图书在版编目（CIP）数据

满堂花醉三千客 / 魏无忌著. -- 北京：台海出版
社，2022.5（2025.5重印）
ISBN 978-7-5168-3241-7

Ⅰ. ①满… Ⅱ. ①魏… Ⅲ. ①诗人－生平事迹－中国
－古代 Ⅳ. ① K825.6

中国版本图书馆 CIP 数据核字（2022）第 043412 号

满堂花醉三千客

著　　者：魏无忌			

责任编辑：曹任云　　　　　　　　　　封面设计：嫁衣工舍
策划编辑：李　琴

出版发行：台海出版社
地　　址：北京市东城区景山东街 20 号　　　邮政编码：100009
电　　话：010-64041652（发行，邮购）
传　　真：010-84045799（总编室）
网　　址：www.taimeng.org.cn/thcbs/default.htm
E - mail：thcbs@126.com

经　　销：全国各地新华书店
印　　刷：北京中科印刷有限公司
本书如有破损、缺页、装订错误，请与本社联系调换

开　　本：880 毫米 ×1230 毫米　　　1/32
字　　数：184 千字　　　　　　　印　　张：9
版　　次：2022 年 5 月第 1 版　　　印　　次：2025 年 5 月第 6 次印刷
书　　号：ISBN 978-7-5168-3241-7

定　　价：49.00 元

满堂花醉三千客

一剑霜寒十四州

有诗词，不负韶华

〔南宋〕佚名《柳院消暑图》

［明］文征明《真赏斋图卷》

［明］谢时臣《虎丘图》

〔明〕唐寅《事茗图》

［明］仇英《独乐园图》

　下花　前且把盃

幸遇佳時節

〔南宋〕马远《月下把杯图》

序言　花落一杯酒，月明千里心

中国古代的文人，常常在仕与隐之间进退徘徊。

他们常说"邦有道则仕，邦无道则隐"，或是扬言"穷则独善其身，达则兼济天下"，但他们内心其实早就有所偏颇，从未真正放下过仕途——高居庙堂时，歌颂着隐逸之乐；退守江湖时，却往往满腔愤懑，干谒奔走，想再度入朝为官。

他们爱喝酒，人多是因为这种政治理想的不如意。

仕而不得、得而被贬、贬而不甘……种种无奈和烦恼交织着，找不到解脱与出口，唯有酒能让人逃离片刻。喝到酣畅淋漓处，天子呼来不上船，唯"痛快"二字。

这一杯酒，不为作乐，是为消愁，为排遣心中苦闷，甚至为麻醉自己。

写诗，则是因为这份痛苦的凝练和升华。

我非蓬蒿人，本有千金才，既然遇不到明主与伯乐，那也要借着锦绣文字，让青史留我名姓、知我肝胆。写到逸兴遄飞时，仰天大笑出门去，自是名士风范。

中国古代的文人们既无情，又多情。

无情是因为他们以仕途为毕生追求，香草美人也好，闺房画眉也好，旖旎的背后，其实都是政治隐喻，他们最想得到的不是红颜一笑，而是伯乐与千金买骨。

但他们又多情，长安城外，姑苏寺里，岳阳楼头，滋养了多少相思，又孕育了多少温柔如水的美娇娘。

他们骑马倚斜桥，一个眼神，一次回眸，留下无数的好诗好词，你问他们爱没爱过？那不重要。

穷与达，爱与恨，都是文人墨客们最好的下酒菜，而酒，又将这些情绪落笔成诗。

酒入喉，更入愁肠，化作相思泪，化作英雄气，更化作大悲风。

才子落难，如美人迟暮，这是恨事，但这又是一种幸事。不然，千百年后的我们，哪能读到那么多美妙的诗词，哪能看到那么多精彩的灵魂？

目 录

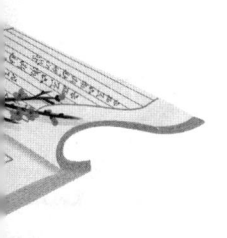

辛弃疾：男儿心如铁，试手补天裂

李清照：堪怜咏絮才，千古女词家

董小宛：秦淮绝艳色，所嫁非良人

宋祁：红杏俏尚书，多情佳公子

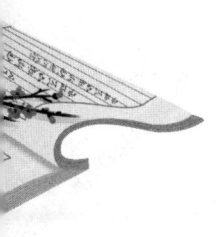

曹丕：父子俱好学，三曹皆能文

文征明：江南四才子，福寿双全人

严蕊：不是爱风尘，似被前缘误

陶渊明：可怜父母心，赖有宁馨儿

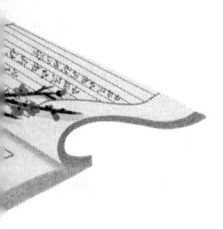

杜牧：十年扬州梦，薄幸青楼名

你很难用一个词来定义杜牧。

他是世家公子，于家道中落后，挽狂澜，登仕途，垂青史，不坠先祖名声；

他是多情浪子，流连秦楼楚馆，环抱莺莺燕燕，扬州内外，满楼红袖招，人人识杜郎；

他是八斗才子，诗文俱佳，才华卓越，是晚唐最耀眼的色彩，留下旖旎而绚烂的一笔；

他也是落魄政客，水村山郭走遍，千里莺啼过耳，留下那么多薄幸名声，却始终不曾展抱负、尽才能。

这种种形容词叠加起来，就成了一个独特的杜牧。

1. 狂士识浪子

828年，又到了科举考试的时节。

长安城的花都开好了，姹紫嫣红，只等着春风得意，等着一群榜上有名的考生来策马赏花。

虽然考试还没开始，但所有人都觉得，金榜上一定会有杜牧的名字。

他太会写文章了，前几年写的那篇《阿房宫赋》，太学生们都在争相传看，个个赞不绝口。传来传去，这篇赋很快传到了时任太学博士的吴武陵手中，老吴一连看了几遍，赞赏不已。

如此才俊，自是明珠。谁能忍心令明珠蒙尘？吴武陵找到了那一年的主考官，侍郎崔郾，直接向他推荐杜牧。

那日，崔郾正打算前往洛阳考场，官员为他践行，举办了一场热闹的宴会，吴武陵便闻讯而来。

崔郾既惊讶又不解：堂堂太学博士登门，难道只为了给他送别？

不待崔郾开口，吴武陵便开门见山：我这次来，正是想要向您推荐一位不可多得的人才。

他从随身的行囊中拿出一卷文书，笑道："此乃士子杜牧所作《阿房宫赋》。"

崔郾连忙接过，轻轻打开，娟秀的字体混着墨香扑面而来，他情不自禁地念了出来：

六王毕，四海一，蜀山兀，阿房出。覆压三百余里，隔离天日。骊山北构而西折，直走咸阳。二川溶溶，流入宫墙……

呜呼！灭六国者六国也，非秦也；族秦者，秦也，非天下也。嗟乎！使六国各爱其人，则足以拒秦；使秦复爱六国之人，则递三世可至万世而为君，谁得而族灭也？秦人不暇自哀，而后人哀之；后人哀之而不鉴之，亦使后人而复哀后人也。

开篇短短十二字，道尽阿房宫始末，极简，又极传神，不必往下读，已知作者才力磅礴。崔郾心中连连惊叹，待读到最后，终于忍不住击节赞赏起来："好，真是一篇好文章！"

吴武陵颇为自得，不是好文章，他会推荐吗？他这是伯乐识得千里马呀。

他对崔郾说："杜牧是大纵奇才，请侍郎您在这次考试中取他为状元。"

崔郾有些为难，他当然爱才惜才，但才子多着呢。老吴实在有些不甘心："当不了状元，那就退一步让他以第五名进士及第吧。"

崔郾仍有几分犹豫，但冲着《阿房宫赋》，到底还是应允了。等送走吴武陵，回到宴席上，他立刻就向宾客们传阅了这篇绝世好文。

没想到，宾客中竟有人提出了异议：这个杜牧，为人有些放荡，常年混迹秦楼楚馆，声名狼藉，录取这样的人，恐怕不太妥当。

崔郾倒没有计较，道："少年人风流轻狂，本属常事，在风月场走动，也算情有可原。我已经答应了吴博士，哪怕这人是个屠夫，我也不能更改了。"

于是，那一年的进士举里，杜牧当真以第五名的成绩中榜了。

这位大家口中毁誉交加的杜牧，正是晚唐最有名的诗人，他和李商隐一度并称"小李杜"，声名直追李白、杜甫。

杜牧出身于书香门第，祖父杜佑是唐代名相，主修了一部《通典》，开创了中国史学史的先河；父亲杜从郁也学识渊博，乃太子近臣。

按理，杜牧的童年应是无忧无虑的，伴随着墨香长大，但他父亲体弱多病，药不离口，难以支撑门庭，使得家道渐渐中落。到杜牧十五岁时，父亲与世长辞，彼时，祖父也不在人世了，树倒猢狲散，庞大的杜氏家族很快就分崩离析。

分家后，杜牧名下也有三十多处房产，但他是个十足的书呆子，不事生产，只会读书，很快就坐吃山空，最后连立身之处都没有。

杜家多的是显赫亲戚，却无人愿施援手，杜牧过得颇为潦倒：年长的婢女活活饿死，年轻的仆人们则欺辱他年幼，抢了家什，各奔东西。他不得不和母亲一起，带着年幼的弟弟，寄居在家庙里，吃野菜度日，与老鼠为伍，如此过了近十年。

还好，杜牧遇上了吴武陵，金榜题名，春风得意。如何能不得意呢？这次科举总共才录取三十三人。

在《及第后寄长安故人》这首诗里，我们依稀还能看到那个意气风发的少年郎：

东都放榜未花开，三十三人走马回。
秦地少年多酿酒，已将春色入关来。

唐代制度，中进士后还需要通过吏部考试，才能正式得到官职。杜牧又从洛阳赶回长安，参加了贤良方正直言极谏科，再次通过，被授官为弘文馆校书郎、试左武卫兵曹参军。

一年之中，两次录取，杜牧扬名天下，可谓意气风发。

2. 最忆是扬州

杜牧的仕途并不顺遂。

最开始，他出任弘文馆校书郎，负责校对书籍，日子清闲却无聊。后来，他的旧交沈传师出任江西观察使，向他抛来橄榄枝，杜牧就弃了人人求之不得的京官，跑去给沈传师当幕僚了。

在这里，他遇到了张好好。

张好好是沈传师的乐伎，十三岁的她，不仅出落得亭亭玉立，而且能歌善舞，一曲莺歌，婉转动人。

杜牧和很多文人一样，以狎妓为雅事，流连于秦楼楚馆；但杜牧又和他们不一样，有贪色之心，也有怜惜之意，他是真正地把妓女当作知己，而非当作物件来玩弄。

那日在席上，一群人孟浪而轻浮，调戏的眼光落在好好身上，一刻也挪不开，他们想的是如何一亲芳泽，而杜牧想的却是娶她。

就在杜牧鼓起勇气想向沈传师开口时，沈传师却被朝廷调走，杜牧也跟随他去别处漂泊，张好好被沈传师的弟弟纳为小妾。

多年后，在洛阳的街头，杜牧和张好好重逢了。此时的张好好已经徐娘半老，丈夫喜新厌旧，早就将她弃之如敝屣。

她当街卖酒，消耗着自己的最后一点姿色，假装听不懂那些调笑和不怀好意，在买酒的男人间逢迎，笑盈盈地，苟且偷生。

一见面，张好好就笑杜牧："你怎么年纪轻轻就白了发须？"

杜牧什么也没说，只是突然哭得像个孩子。他为她写了一首《张好好诗》，记录她生平遭遇，有同情，有怜惜，有遗憾，独独没有轻视和嘲讽。

833年至835年，杜牧留守扬州，足足两年之久。当时，整个朝野陷入党争，牛党和李党闹得不可开交，牛党党首牛僧孺瞧上了杜牧，谴他到扬州做监察御史里行。

杜牧与扬州，仿佛是一场既定的缘分，在这里，他没有留下骄人的政绩，却留下了晚唐诗歌最风流的底色。

他最大的爱好就是逛青楼。

青楼，本意是指那些雕饰华美的高楼，后来引申为妓院，勾连着才子佳人，平添了许多浪漫和旖旎。每到夜幕降临，满楼都是红装女子，笑语盈盈，暗香阵阵，熏得游人沉醉。

杜牧没有一个晚上，是在自己家歇息的。

两年后，长安来了一纸调令，要把杜牧再度调回去做京官。临走前，牛僧孺为他设宴饯行，几杯酒下肚，牛僧孺突然跟他说："回京之后，你的行为还是要检点一下，不要总是流连青楼，影响你的仕途啊。"

杜牧笑说："我也没有那么荒唐，至少没给您老丢脸。"

牛僧孺笑笑，拿出了一个匣子，匣子里全都是杜牧在扬州的出行记录，每天去哪儿了、待了多久、和谁在一起，事无巨细，都被记录在册。

原来，牛僧孺每天都派了三十多个兵士化装为便衣，悄悄跟着杜牧，记录他的行踪。无论是监视还是爱护，这种举动都足以让人惊出一身冷汗，想来，杜牧不是真的放浪形骸，而是把纵情声色当成一种伪装。

不管如何，扬州对杜牧而言，始终是特别的。离开扬州后，老友韩绰写信问他：别来如何，天子脚下，应该大有可作为的吧？

杜牧没说，只回了一首《寄扬州韩绰判官》：

青山隐隐水迢迢，秋尽江南草未凋。
二十四桥明月夜，玉人何处教吹箫。

最让我难忘的，还是扬州啊，那里有明月、古桥、流水、玉人，还有让人暂忘烦忧的风花雪月。

累世高官的杜牧何尝不知，行为放荡，对自己的升迁不利？但他和牛党走得越近，就越危险，眼下局势动荡，党争激烈：李党已经一连撵走了三位宰相，牛党大厦将倾，甘露之变刚刚血洗长安……

生逢乱世，可能青楼才是最安全的地方吧，扬州那段岁月，虽然荒唐，却是记忆里仅有的安稳。在很多年以后，他老了，想起扬州，心头依然有万般滋味，爱恨难说。

落魄江湖载酒行，楚腰纤细掌中轻。
十年一觉扬州梦，赢得青楼薄幸名。

他在《遣怀》中说，从前的日子真荒唐啊。十年扬州，仿佛入梦，功名与抱负都空空。

从梦中醒转，只剩一个"青楼薄幸"的坏名声，细数来，竟是一事无成。

其实那时候，他分明有一腔抱负，还有满腔热血，后来怎么就冷了呢？

3. 皎皎白驹去

杜牧自有他的昂扬，"平生五色线，愿补舜衣裳"，他不甘心埋首故纸堆，想要效仿前贤，指点江山，针砭时弊；

杜牧也有他的孤勇，"一骑红尘妃子笑，无人知是荔枝来"，他连借汉讽唐的传统都生了，直斥君王的骄奢，直面现实的黑暗；

杜牧还有他的睿智，《罪言》《战论》《守论》等都是用兵策略，他写了大量的策论，关注国家军事，忧心王朝兴衰；

杜牧还有他的激愤，在传世的作品里，他的咏史诗独树一帜，仿佛沉重的呐喊，划破时空，震撼人心。

烟笼寒水月笼沙，夜泊秦淮近酒家。

商女不知亡国恨，隔江犹唱《后庭花》。

这首《泊秦淮》是杜牧的叹息。

《后庭花》，即《玉树后庭花》，据说是南朝荒淫误国的陈后主所制。当年隋兵陈师江北，一江之隔，陈后主却仍沉湎声色，而今又何尝不是如此？国家在旦夕危亡之间，那些达官贵人们却依旧粉饰太平。

所谓天下升平，海内晏然，不过是统治者们的自欺欺人。君不见，那长袖翻飞下，是沾染着鲜血的蔽天旌旗！那盛世歌舞里，是王朝苟延残喘的哀音！

狂澜既倒，大厦将倾，此时的晚唐如同落日，迸发着最后的灿烂，却只剩一瞬了，一瞬后，将是彻底的黑暗。

杜牧如何甘心？他十年寒窗苦读，自小就受着"修身、齐家、治国、平天下"的明训，自然要挽狂澜、扶大厦。

他长歌当哭，他以笔为刀，他想刺开漆黑而浓重的现实。可惜这些都不曾得到回应，大唐已经岌岌可危，内忧外患，走向无可避免的衰败，他没有找到属于自己的政治舞台。

所以，世人多以为，杜牧只是一个荒诞不经的情场浪子，却不知他也是报国无门的末世狂生。

还好有秋娘，秋娘知道，杜牧是赤诚而痛苦的。

秋娘，是金陵城有名的乐伎，也是节度使李锜府中的歌姬。李锜造反兵败后，秋娘沦为官奴，她才貌出众，凭借一曲自创的《金缕衣》，俘获了宪宗的心，被封为秋妃。

后来，宪宗遭宦官毒杀，秋娘和宰相合谋报仇，不料计划败露，被削籍为民，再度回到了金陵。

在金陵，她遇到了杜牧。

杜牧一生遇过的女子无数，唯有秋娘是最特别的，他看着她，仿佛看到了"小太宗"宪宗皇帝，看到了那段励精图治的政治中兴，看到了士子为之振奋的希望。

既已学成文武艺，谁人不怀报国心？他也曾醉心朝务，停了莺莺燕燕的荒唐；他也曾写政论，布战防，谋划策。连史书都称赞他杜郎雄姿英发，气势豪宕，大有提携玉龙为君死的气概。

但这一切，都随着宪宗暴毙，宣告破灭。杜牧，又做回了那个薄幸的杜十三，流连春风扬州路。

其实文人和妓女，何其相似。文人一生都期冀遇到圣君，把自己的才华，货与帝王家。妓女则在最好的年华里卖弄姿色，求遇一个有情郎，为自己赎身，相夫教子终老。

杜牧一辈子都在找各种机会，渴望一展抱负，但至死都没有找到。他只能藏身青楼，和那些际遇相似的妓女，惺惺相惜。

852年，时年五十岁的杜牧逝于家中。

回望前尘，他这一生绚烂多彩，红烛罗帐，歌舞笙箫，像一出光怪陆离的戏，热闹而寂寞。戏唱完了，谢场时也有传奇。

据说杜牧临死前，梦见有人给他题了四个字：皎皎白驹。他醒来后，便预感这白驹过隙的一生，可能就要到尽头了。这时恰好仆人来报，家里正在烧饭的锅突然烧裂了，一锅米，全煮成了夹生饭。

杜牧闻言，为自己写下墓志铭，又将一生所作的大部分诗稿付之一炬，随即溘然长逝。

高楼风雨感斯文，短翼差池不及群。
刻意伤春复伤别，人间惟有杜司勋。

斯人已去，千年杳杳，透过晚唐诗人李商隐的这首《杜司勋》，依稀还能描摹几分杜郎俊赏。或许，该选一个烟花三月，去扬州，从二十四桥下穿过，低声吹箫，大口喝酒，才是对这位传奇诗人最好的怀念。

贺知章：愿做老顽童，常怀赤子心

贺知章可能是大唐最好玩的诗人。

他是有名的酒鬼，大白天就喝得醉醺醺的，骑一匹马，乐颠颠地在长安街市闲逛，人家笑话他，他也呵呵地笑回去。他还组织了一个"喝酒联盟"：饮中八仙，拉着其他小伙伴一起酗酒。

他是放荡不羁的狂徒，好好的官说不做就不做，从吏部侍郎摇身一变，当了道士，开始悠闲的养老生活，真是任性到了极点。

他还是"为爱发电"的营销高手，遇到李白以后，他立刻化身"迷妹"，为李白花钱，请李白喝酒，给李白取"谪仙人"这个艺名，还想方设法让李白进了宫、当了翰林。

这样一个可爱的老头儿，谁不喜欢呢？

1. "金龟" 忘年交

742年，长安这座城，终于迎来了李白。

他已经四十二岁了，落笔惊艳，名动天下，却迟迟没有等到属于自己的机遇。他徘徊，他隐居，他沆游山水，如今，他等到玄宗的诏书，仰天大笑出门，仗剑奔赴长安。

一场中国历史上最有名的忘年交，就此拉开了序幕。

彼时，贺知章已八十四岁，居高位，得美名，好交友，全无骄矜之态，亦无卖老之心。他像长安城的其他诗迷一样，眼巴巴地等着李白，为偶像的到来而满心欢喜。

听说李白进了城，住到紫极宫，贺知章马上坐不住了，兴冲冲地跑去拜访对方，没有半点诗坛老前辈的架子。

巧了，李白也是个潇洒不拘的性子，看到老前辈造访，他没有任何惶恐和不安，也没有奉承和谄媚。两人聊得热火朝天，聊得很投机，虽然年龄、地位都相差悬殊，但英雄惜英雄，他们都为对方的风采所倾倒。

聊着聊着，话题就扯到了写诗。贺知章搓了搓手，嘿嘿地笑起来：先生最近可有什么新的诗吗？能不能让我先睹为快呢？

老头子笑得狡猾而满足，这可是偶像新出炉的作品，他要当第一个读者！

李白也不推辞，拿出了自己刚写的《蜀道难》："噫吁嚱，危乎高哉！蜀道之难，难于上青天……"

贺知章看得两眼冒光，惊叹道："能写出这样惊天地泣鬼神的诗作，你莫不是天上的谪仙人下凡啊！"

就这样，李白又多了一个响当当的名号，大唐又多了一桩佳话。他们大概都不曾想到，"谪仙人"的名号不胫而走，越传越响亮，成为历史长河里独一无二的殊荣。

读完《蜀道难》，贺知章意犹未尽，又把李白的《乌栖曲》《长干行》都翻出来读，读完以后，钦佩不已。

"什么都别说了，走，我请你喝酒去！"

李白乐了，还有这么好的事呢？

这可真是酒鬼遇上酒鬼了，两人推杯换盏，把酒言欢，喝了一杯又一杯，喝得痛快淋漓。

贺知章酒酣耳热，对李白是越看越顺眼：绝了，不愧是我偶像，诗写得好，酒量竟然也这么好，不知道他有没有兴趣加入我们长安喝酒联盟啊。

眼看他喝晕乎了，酒楼的小二很有经验，赶紧跑过来结账，再晚点，老头儿估计又得趴下了。

"李老弟，你别跟我抢，这顿我请，就当是接风宴。"贺知章很大方，一边说着，一边去掏钱袋子。掏着掏着，手僵在了那里，喔喔，怎么回事，我的钱呢？

一旁的李白很无辜，眨巴着大眼睛：难不成这哥们儿想带我吃霸王餐？

怎么能在朋友面前丢脸呢？贺知章干咳了两声，赶紧扯了腰上的金龟子，胡乱地塞给小二：喏，给你啊，我都是老顾客了，我会赖账吗？

　　小二看着手上的金龟哭笑不得，这可不是普通的玉佩，这是唐代官员特有的一种配饰，意义非凡。贺老头倒是心大，随手就敢给人，但他不敢收哇。

　　"哎，贺大人———"

　　话音还未落，只见那两位醉醺醺的哥俩儿，已经勾肩搭背地走了。

　　这并不是贺知章第一次请朋友喝酒。在家人眼里，他简直是"劣迹斑斑"，酒友遍布长安，上至王公贵族，下至平民百姓，不用什么金齑玉鲙，他不讲究，啃着胡饼都能当下酒菜，乐呵一整天。

　　要不怎么说李白和贺知章是好朋友呢？他们一个嗜酒如命，喝到兴头上，连玄宗召见他都敢拒绝，"天子呼来不上船，自称臣是酒中仙"；一个则爱酒如狂，喝到昏天暗地，失足落到井里，竟然也不惊不慌，原地躺着呼噜睡大觉，"知章骑马似乘船，眼花落井水底眠"。

　　率性而为，随性而活，多亏有了贺知章这个老顽童，才有了这段神仙友谊，才让唐诗变得好玩起来。

2.狂而不招厌

贺知章刚开始的知名度没有那么高。大唐人才辈出，光"初唐四杰"就出了三个神童，火得人尽皆知，而来自越州永兴的贺知章却不慌不忙，本着"谁说出名非得趁早"的好心态，直到三十多岁，才考上状元，慢悠悠地出现在大家的视线里。

他最先表演的才艺是写诗。是的，他很擅长写诗，还得名"诗狂"，名声远扬，只可惜如今流传下来的诗作不多，只有近二十首。

是人家不会写吗？当然不。

碧玉妆成一树高，万条垂下绿丝绦。

不知细叶谁裁出，二月春风似剪刀。

且看这首《咏柳》，比喻精妙又别出心裁，语言生动又自然，虽浅显，意无穷，贺知章的才力可见一斑。

别看贺知章沉迷于追星，整天追在那些大诗人的屁股后面，其实他自己也是大唐诗坛的热门偶像。当时他粉丝众多，其知名度简直堪当"国民级"的。

大家都爱读他的诗，排着队买他的作品，但他更爱喝酒，"诗酒相生，醉乐天真"。他倒是很勤奋，每次喝了酒，都会写诗，只是写了就写了，酒醒以后就找不到了。他也不会去费心找，反正他更享受写诗的过程。

除了写诗，贺知章还贡献了他的另一个才艺：书法。

大唐最有名的书法明星当然是张旭，狂草之圣的名头不是瞎吹的。贺知章也很厉害，他和张旭都属"吴中四士"，因为他们是老乡，都来自吴中。

他日常闲着没事，就喜欢拉着张旭出门闲逛，去啥东西？不，是去画东西。这两位书法大师非常喜欢涂鸦，但凡看到一堵白墙，手就痒痒了，提笔就写，龙飞凤舞，那叫一个酣畅淋漓。

可以这么说，贺知章肚子里的墨水和酒水一样多，很多人都爱找他求字，就像要签名照一样。他脾气好，来者不拒：你想要几张啊？十张？小菜一碟！

他一手拎酒壶，一手在纸上笔走龙蛇，时不时还喝两口激发下灵感。写完了，他就潇洒地挥挥手：拿去吧。

别人给他十张，他就写十张；给他二十张，他就能写满二十张。他怕是大唐最好说话的偶像了。

3. 白发归故里

八十六岁时，贺知章突发奇想，给玄宗写了一封辞职信：我不想干了，我要去当道士。

玄宗很震惊，委婉而不失礼貌地建议他：你岁数也大了，别折腾了，实在想当道士，在家修行也不错啊。

贺知章想了想，委委屈屈地说：那我要回老家。自从考上科举，出来当官，他很久没有回过老家了。

玄宗有点不舍，挽留了一番，可惜留不住，只好答应了，转身却把贺知章的儿子留下来。

于是，就在744年，贺知章顺利辞职，开始喜滋滋地收拾行李。

为了表彰老臣，唐玄宗为他举行了一场盛大的告别仪式，百官都来为他送行。这位大唐朝廷里的常青树，长安诗坛里的老前辈，终于挥别长安，重返故里。有人唏嘘，有人窃喜，也有人不舍，而他，迈着轻快的步伐前往越州。

阔别家乡五十余载，多少沧桑和感慨，都在两首《回乡偶书》里。

其一

少小离家老大回，乡音无改鬓毛衰。

儿童相见不相识，笑问客从何处来。

其二

离别家乡岁月多，近来人事半消磨。

惟有门前镜湖水，春风不改旧时波。

当年离家之时，尚是风华正茂，青春正好；而今归来之日，已是白发苍颜，去日无多。

路上有嬉戏的孩童，见着了我，以为我是远方的客人，笑着问我是从哪里来的。不怪他们认不出，虽然我的乡音未变，但我的模样变了，两鬓斑白，不再是当年儿郎。

人事有代谢，故乡又何尝没有变化？唯有门前镜湖的碧水，每当春风吹拂过，便泛起一圈一圈的涟漪，还是旧时模样。

回到家乡没多久，贺知章便去世了，不对，应该说他在这红尘待得无趣了，决定去另一个世界玩耍。

在他走后十一年，安史之乱爆发，像一场平地而来的飓风，颠覆了半个大唐。而那时的贺知章，已然长眠于故乡的泥土之下，沉静安恬，浑然不知。

于是，很多人说他"好命"，或许吧，他确实像得天独厚的命运宠儿：

他一生活了八十六岁，是唐朝最长寿的诗人；

他横跨永徽和开元天宝两大盛世，那是唐朝的巅峰时期，避开了动荡和战乱，安享繁华；

他才华横溢，以诗文成名，仕途平顺，做到太子宾客、光禄大夫兼正授秘书监等职，风光显赫；

他人缘也好，李白是他忘年交，杜甫是他小迷弟，陆象先、张说等人都是他的粉丝；"吴中四士""饮中八仙""仙宗十友"都有他一席之地；

他诗文创作同样不俗，在唐诗里写下了一笔浓墨重彩，仅凭《咏柳》和《回乡偶书》，便足以名留青史。

这种"好命"并非凭空而来。

是因为一颗赤子之心，哪怕他浸淫官场五十余载，深谙人情练达，却懂得不露锋芒，不世故。能相信吗？一个备受皇帝恩宠的近臣，一个叱咤政坛和文坛的领袖，门生故吏无数，追随者众多，却能始终平易近人。

也是因为一份大智慧。明明是白发耄耋一老翁，所作所为却又偏偏似垂髫孩童，天真未凿，正应了老子所说的"大智若愚，大巧若拙"。

其实，若论及在历史上的地位与影响，贺知章比不过很多大唐诗人，然而他一生圆满，活得比谁都快活，也比谁都可爱。

李商隐：一生赋别离，心事都无题

很难有人不喜欢李商隐吧？他就像一个谜，谜面是千头万绪的诗，名字叫作《无题》，引得无数人抽丝剥茧。等剥到最后，仍旧说不清谜底是爱是恨，但也不重要了，猜谜的人早已潸然泪下，读懂了自己的心。

他说"留得枯荷听雨声"，是一份凄清的诗意；

他说"何当共剪西窗烛"，是一夜家常的旖旎；

他说"他生未卜此生休"，是一场清醒的洞察；

他说"此情可待成追忆"，是一次无题的惘然……

他太难得了，在那个薄情的年代，深情而隐忍地活着，笔下有太多太多的心事，隐晦难说，藏在每个华丽的典故里。

去读李商隐吧，去解开他的谜。

1. 弃学务农桑

835年，都城长安，山雨欲来。

这一年，中晚唐历史上最有才干的宰相李德裕，被诬谋逆。他虽侥幸保住了性命，却还是被愤怒的唐文宗驱逐出长安，到东都洛阳任闲职。

这一年，市井中流言四散：唐文宗服食以求长生的金丹，竟是用小孩子娇嫩的心肝炼成。消息不知真假，却让朝野动荡，人心混乱。

这一年，宦官独揽大权，朝臣党派纷争，节度使们更是暗通款曲，结党营私，逐步脱离中央的管控。

这就是彼时的长安，权与谋，名与利，一切都在蠢蠢欲动，金碧辉煌里藏有无数旋涡和暗涌。然而这一切，都还未传入李商隐耳中，他堪堪二十三岁，正怀着进士及第、光耀门楣的天真梦想，赶赴旋涡的中心——长安。

李家三代孤寒，在李商隐十岁那年，父亲李嗣便客死于江南，母亲拖着幼小的儿女和丈夫的灵柩，千里迢迢地返回故乡荥阳。

少年失怙，父亲留给他的，只是一栋老宅、一点模糊的回忆，和那个印证他一生颠沛坎坷的名字。

商隐，这个名取自"商山四皓"的典故；义山，这个字同样源于父亲对商山隐者的仰慕。

相传秦末大乱之时，有四名博士不愿为官，隐居于商山。他们以岩洞为住处，以紫芝充饥，因为出山时四人都年过八旬，须发皆白，便被人们尊称为"商山四皓"。

汉高祖刘邦即位后，多次礼聘他们入朝为官，都被拒绝了。后来，刘邦因宠爱戚夫人，想要废掉吕后所生的太子刘盈，改立赵王如意。吕后求助于张良，张良献策，请动了商山四皓。

刘邦看到连四皓都甘心为刘盈所用，只能放弃了废立太子的念头。而商山四皓后来又悄然隐退，继续过着闲云野鹤、不问世事的日子，真正做到了孔子所说的：天下有道则见，无道则隐。

这正是李父对李商隐的期待：他希望儿子能够在清白的时代里勇于进取，以天下为己任；在污浊的时代里，仍保持清高的品性，不可为了一己之私而同流合污。

那时的李父不会知道，自己竟是一语成谶，李商隐此后一生都在"入仕"与"退隐"之间挣扎，在家庭与党派之间徘徊，在自我的坚守与生存的妥协之间煎熬辗转。

李商隐的苦难，是从童年开始的。

父亲猝然离世，让这个士人家庭失去了支柱，而一应丧仪琐事，更是彻底拖垮了这个曾经的富足之家。他们孤儿寡母，衣食无着，生活困顿。

许多年后，李商隐回忆那段痛苦的童年经历，他说："四海无可归之地，九族无可倚之亲。"

等守丧期满，李商隐脱掉丧服，开始了跌宕的谋生之旅。他找了一份抄写员的工作，除此之外，还谋了一份兼职：贩舂，也就是买进带壳的谷物，舂成细粮之后再转手卖掉。

"乃占数东旬，佣书贩舂。日就月将，渐立门构。"难以想象，这短短几行文字的背后，藏着多少辛酸，又包裹着多少咬牙切齿。这段生涯磨炼了李商隐的意志，也笃定了他求仕的心意，他知道，自己只有考取功名，才能摆脱困窘的现状，才能改变命运，重铸李家的累世书香。

2.少年才气高

少年的李商隐拜在同族叔父李处士门下，跟随对方学习诗赋，学就了一手好文章，也沿袭了一身清高与耿直。然而，在那个泥沙俱下的时代，才华并没有给他带来荣光，清高与耿直却给他带来了排挤。

当时的文坛盛行骈文，每一字句，务求对仗，即便是政府文书和法律判决，也要求写得辞藻华美、音韵铿锵，而李商隐擅长的却是朴拙恣意的古文，注重要旨，不求形式之美。

因为不合时宜，纵使他写得再好，也很难得到时人的青睐。为此，李商隐不得不改弦更张，放弃早年所学，改写彩雕琢的骈文，以迎合时人的喜好。

这对他而言并非难事，从古文天才蜕变为骈文名家，不过是信手拈来。然而，这番改变的背后，却是一次实实在在的折腰，他低头了，他选择向世俗妥协，屈辱而无奈，凄凉而现实。

829年，李商隐遇见了自己人生中的第一位贵人——令狐楚。

令狐楚少年即有神童的称誉，二十出头便考中了进士，此后更凭着斐然文采，深受德宗、宪宗皇帝的器重。在中晚唐绵延四十载的"牛李党争"中，令狐楚是牛党的中坚力量。

彼时，令狐楚出任东都留守，东畿汝州都防御使，李商隐移居的洛阳恰好在其辖区内。对李商隐来说，这位以文采扬名天下的大人物，正是他所梦想的伯乐。

他给令狐楚递上了拜谒信。

在众多的拜谒信中，唯独李商隐的让令狐楚眼前一亮，他很快召见了这位年轻人。李商隐的困窘和才华交织着，如同牡蛎含砂，让人怜悯，也让人有种天生的希冀：磨砺骨血，珍珠始成。令狐楚觉得李郎君将来必定不凡。

从此，令狐楚对李商隐细心栽培，不仅让他与自己的儿子共学同游，还带他结交了中晚唐诗歌领袖白居易，开启他漫长的交游干谒之旅。

李商隐满怀感激，他视令狐楚如父兄，是伯乐，也是知己，但他忘了，对方给予的好并不是无条件和无原则的。令狐一家也视他如亲友，有欣赏，也有拉拢，说到底，是想推他走上仕途，与自家子弟相互帮扶。

谁都没有错，谁都付出过真心，可惜这段相识于微时的情谊，并没有善始善终，而是沦为党争的牺牲品，成为李商隐永远的痛。

837年，李商隐第五次参加科举考试，此前，他连续落榜，备受煎熬与冷遇。这一次，在令狐楚和令狐绹的暗中帮衬下，他终于高中了。

那日春风得意，他打马走过长安街，处处花开，满眼锦绣，但他内心里却泛着苦涩。明明他才高八斗，明明他不愿意攀附令狐楚的权势，但现实却狠狠嘲讽了他：若不是令狐楚父子，自己恐怕仍然与金榜题名无缘。

之后不久，令狐楚去世，而李商隐也遇到了他人生的第二位贵人——王茂元。

王茂元时任泾原节度使，他非常欣赏李商隐的才华，特意在自己的府邸上设宴招待。觥筹交错之间，宾主尽欢，一个少女娇俏的面颊出现在屏风后。

那是王家最小的女儿，笑容明快灿烂，仿佛一束光，点亮了李商隐的心，也点亮了他的笔。

东南一望日中乌，欲逐羲和去得无。

且向秦楼棠树下，每朝先觅照罗敷。

在王茂元的积极撮合下，李商隐与这位少女喜结连理。婚后，他们恩爱情浓，每每小别，都有不舍和相思凝于笔端，这首《东南》就是代表作之一。

诗人臆想自己能够追逐日落日升，一路向西，行至妻子的妆楼，与妻子相会。

他还沉浸在新婚的甜蜜里，他似乎忘了，或是根本没有意识到，王茂元是李党的一份子，是令狐楚的政敌。

他所娶的，不仅仅是一个美娇娘，更是一份政治立场。他以为自己是情之所钟，而在旁人看来，他却是背信弃义，左右逢源。谁不知道令狐家对他的恩惠呢？谁都把这场姻缘当成背叛，尤其是曾经的故友令狐绹。他身为令狐楚之子，自幼与李商隐相识，情分深厚如兄弟，理所当然地将李商隐归为了牛党。如今李商隐竟然与李党结为姻亲，那可是牛党的死敌呀，他如何能接受？他一气之下，与李商隐断绝了来往。

多年情分，一朝化为齑粉，李商隐痛苦而煎熬，他发现自己置身于冰火：牛党视他为叛徒，李党也质疑他的忠诚，他挣扎在牛李两党的夹缝中，步步艰难，不知道该去往何方。

3. 此情成追忆

858年，李商隐四十六岁，因病离世。

他这一生，太难懂，就像他的无题诗，隐晦而复杂。后人总想解读出一个确切的谜底：是无德小人，还是落魄才子？是多情郎君，还是风流浪子？是被历史湮没的明珠，还是被辞藻伪饰的燕雀？

谁也没有答案，或许，李商隐其人、其诗，歌魅力也恰恰在于此：欲诉不能，欲说还休，爱恨难辩。

> 锦瑟无端五十弦，一弦一柱思华年。
> 庄生晓梦迷蝴蝶，望帝春心托杜鹃。
> 沧海月明珠有泪，蓝田日暖玉生烟。
> 此情可待成追忆，只是当时已惘然。

关于这首《锦瑟》，历来众说纷纭，细品来，似有百般情味。

有人说这是对世事无常的感慨。李商隐历经坎坷，也曾几度遭逢贵人，但每每都与机遇擦肩而过，当真是命运弄人。譬如他与华州刺史崔戎，原本是一段伯乐识良才的佳话，对方不仅赏识他，还聘他为僚属，给他丰厚的待遇和情意，如师如友。但没过多久，崔戎竟暴病身亡，李商隐好不容易得来的安稳与前途，转眼成了空。

也有人说，这是对旧情难忘的回味。李商隐早年为了科举，曾经试图走捷径，以道科入仕。因为唐朝宗室姓李，奉道家始祖老子李耳为祖先，格外崇奉道教，专门设立了"道科"考试。为此，李商隐特意前往玉阳山，在道观里生活了一段时间，熟读道家经典，也邂逅了生命中最绚烂的艳遇。

据后世考证，那位女子名叫宋华阳，或是某位公主的侍女，随公主修道出家，这在唐朝贵女间是很盛行的事。她们顶着道士的头衔，但并不用拘守条规，私生活放纵而恣意。

　　宋华阳聪颖美丽，蕙质兰心，也没有宫人的骄矜，很快就打动了白衣才子李商隐。他们双双坠入爱河，一个眼神，就勾连着彼此的心，在无人知道的地方，缠绵出许多故事。

　　这桩恋情当然不敢让外人得知，他们只能背着公主私会。碰面的时候，多半是深夜，月上柳梢，两情相依，唯有清风可知。

　　这桩恋情当然也无法长久，宋华阳碍于身份，姻缘无法自主，李商隐一介白身，如何敢想？况且他的当务之急是学成下山，参加科考。

　　他们相爱一场，如薤上露，天明即逝；如聊斋夜遇，来去是梦。那些甜蜜和痛苦，深深滋长在李商隐的笔下，他想说，却还惶恐被人知晓，只好将隐蔽的心事，拆解了，揉碎了，再含蓄地埋在字里行间。

　　若是有人来问，他必定是不说的，只笑笑，写了一首又一首《无题》。

　　是怀恋旧情，抑或是感伤自我，都不重要了。

　　年华不吾与，此生作残梦。谁人不如此？心事都无题。世人都能在诗里读到自己，解出属于自己的"锦瑟"，品到一点隐晦而说不出口的情味。而这，正是李商隐的馈赠，也是他最大的才华吧，身处那个衰颓的晚唐，依然用文字为我们编织了一份深情的绮梦。

宋之问：卿本佳公子，奈何做文贼

你相信有人会为了一首诗而杀人吗？初唐年间，就发生了这样一桩耸人听闻的命案，主人公正是宋之问和刘希夷。

据说，刘希夷是宋之问的外甥。有一次，他写下了一首题为《代悲白头翁》的诗歌，拿给宋之问看，请他点评一二。

宋之问看了，赞不绝口，尤其喜爱"年年岁岁花相似，岁岁年年人不同"之句。他让刘希夷把这首诗让给自己，刘希夷不肯，宋之问恼羞成怒，在嫉妒与愤怒的驱使下，竟派家奴坑杀外甥，用土袋将他活活压死。

刘希夷去世时，还不到三十岁，青春壮硕，才华横溢，可惜过早地殒了性命。

古人对此唏嘘不已，越发不喜宋之问。这个故事真假难辨，却流传甚广，可见宋之问口碑之差。

1. 翩翩佳公子

在泱泱大唐朝，当一个有才华又有美貌的男子，是什么样的体验呢？

这恐怕就得请教宋之问。

《新唐书》里是这样记载宋之问的："伟仪貌，雄于辩。"《旧唐书》里说："之问弱冠知名，尤善五言诗，当时无能出其右者。"

瞧瞧，用现在的流行话说，宋之问是兼具好看的皮囊和有趣的灵魂，相貌堂堂，能言善辩，不到二十岁，在五言诗上的造诣就已无人能及了。更厉害的是，人家一路走花路，在官场混得顺风顺水。

二十岁时，宋之问就进士及第，踏入仕途，因着文才出众，且善于逢迎，到三十五岁时，就已经升为五品学士。

谁不喜欢这样的男人呢？有颜，有才，有能力，连女皇武则天也对他颇为欣赏。据说，有一次武则天率群臣游览洛阳龙门，命大家即兴赋诗，以一件锦袍为彩头，赏赐给最先成诗的人。

左史东方虬率先完成，武则天听罢，连连称好，把锦袍赐给了东方虬。不久，宋之问的长诗《龙门应制》也写好了：

宿雨霁氛埃，流云度城阙。

河堤柳新翠，苑树花先发。

洛阳花柳此时浓，山水楼台映几重。

群公拂雾朝翔凤，天子乘春幸凿龙……

百官纷纷称妙，武则天也点头称赞，她若无其事地又把锦袍要回来，转而赐给了宋之问。

这就是“龙门夺锦袍”的故事，从此，宋之问才名更显。

还有一次，唐中宗游湖，在湖岸上搭起了一座彩楼，命随行百官赋诗，写好后，一并交给上官婉儿点评。

只见上官婉儿登上彩楼，一边飞快浏览诗作，一边随手淘汰。大臣们都聚集在楼下，不一会儿，就有纸张片片飞下，这些都是落选的诗歌。

到最后，只剩下宋之问和沈佺期的诗歌，还在上官婉儿手上。

又过了片刻，一张纸片被抛了下来，大家蜂拥去看，是沈佺期的诗。

宋之问夺冠了。

大臣议论纷纷，这时上官婉儿开口了：“沈佺期与宋之问两位都是当世诗才，难分伯仲。只是沈佺期诗歌的结句‘微臣雕朽质，羞睹豫章材’，词气已尽，未免显得低沉萎靡。而宋之问的结句‘不愁明月尽，自有夜珠来’则词力健举，余韵悠长。由此看，宋之问略胜一筹。”

大家纷纷点头称是。

按理说，宋之问已然这么有才，他完全可以靠着文才吃饭，谋得一个灿烂前程。但他不！官场上的尔虞我诈、名利场上的富贵奢靡，让他彻底陶醉了、沉沦了、堕落了。

后来的他，做尽了龌龊事，把一手好牌，打得稀烂。

2. 营营争名利

武则天在位时，宠幸张易之、张昌宗兄弟。宋之问仗着自己相貌堂堂，也想谋得女皇的宠爱，从此飞黄腾达。

为了能亲近女皇，他竭力巴结张氏兄弟，甚至不惜给对方提尿壶。所谓的文人清高与自尊，在他眼里不值一提，都化作对权位富贵的欲望。

据说，宋之问还曾给武则天写下一首《明河篇》，借其中诗句公然示爱。

明河可望不可亲，愿得乘槎一问津。
更将织女支机石，还访成都卖卜人。

武则天看到这首诗后，对崔融说："这个宋之问的确很有才学，但他的某些地方朕实在不能接受。"

原来，宋之问因牙齿有疾，患有口臭，女皇颇为不喜。

宋之问的男宠之梦就此破碎，消息传开，众人都讥笑不已：堂堂一男儿，竟整日想着以美色侍人，还不以为辱，高调而张狂，这下可好，被当事人当众打脸了！

宋之问并没有灰心，男宠当不了，他就当佞臣。

705年，武则天被逼退位，唐中宗即位，宋之问遭贬谪，被贬到了泷州（今广东罗定）。

洛阳有多么繁华奢靡，这里就有多么冷落凄清，他终究还是不甘心，第二年春天就偷偷逃回了洛阳。在洛阳，他躲在好友王同皎家里，意外得知王同皎正密谋着除掉武三思。

宋之问窃喜，这显然是一个献媚的好机会：武三思再怎么遭人嫉恨，但位高权重，要是他检举有功，何愁得不到赏识？于是，他不顾朋友情意，暗中向武三思告密。

最终，王同皎等人被杀，宋之问却靠着出卖朋友，擢任鸿胪主簿。

此后，宋之问先后依附太平公主、安乐公主等。直到710年，李隆基诛杀韦后和安乐公主，拥立唐睿宗，宋之问被贬钦州，两年后又被赐死，这才结束了追逐富贵、利欲熏心的一生。

3. 切切思乡情

宋之问其人，品行不佳，风骨无存，才华都被他当成攀附的武器，一心追名逐利，最终却被名利吞噬，实在可憎、可恶。宋之问其诗，值得玩味，前半生的歌功颂德，后半生的流离辗转，或华丽，或平实，总有那么几首真情流露，流传至今。

> 度岭方辞国，停轺一望家。
> 魂随南翥鸟，泪尽北枝花。
> 山雨初含霁，江云欲变霞。
> 但令归有日，不敢恨长沙。

这首《度大庾岭》是宋之问被贬泷州，途中经过大庾岭时所写的。

大庾岭，在时人的心中，是中原腹地和南部边陲的分野。诗人一想到自己马上就要走出中原、辞别故国，此后万水千山阻隔，祸福难料，不由得百感交集。

他停下长途跋涉的驿车，站在高高的山岭上，望着家的方向，心魂都已随着那南飞的鸟儿去了。岭北绽放的梅花，清丽不俗，却无法牵动他的目光，只要想到太液芙蓉、曲江柳，他的眼泪就潸然而下。

那一刻，对利禄的渴望似乎淡去了，他暗暗在心里说：只要能让我有回去的一天，我就心满意足了，万万不敢对贬谪心存怨恨。

整首诗情调凄楚，是宋之问少有的真挚动人之作，可惜宋之问后来故态复萌，再入长安，游走于声色名利场，把昔日落魄时的悔悟抛之脑后。

岭外音书断，经冬复历春。
近乡情更怯，不敢问来人。

相较来说，这首《渡汉江》传唱度更高，艺术价值也更大。

这首诗写于宋之问冒险逃回洛阳，途经汉江的时候。寥寥二十字，那种欲要归家又不敢归家，欣喜又胆怯，期待又恐惧的复杂心理，被展现得淋漓尽致，动人肝肠。

"岭外"，极言被贬之地的迢远、荒蛮；"音书断"，极言内心的煎熬，家人音信隔绝，彼此生死未卜，诗人不免悬心挂肚；"经冬复历春"，极言时间的漫长，或许并不是真的分开已久，而是会合无期，只一日，便让人觉得漫长。

诗人被贬谪的苦闷以及对家人的思念，溢于言表，但他并没有直言归家心切，而是笔锋一转，说自己内心有"怯"：离家乡越近，心里不是越欢喜，而是越胆怯。

怯什么呢？大概是担忧自己朝不保夕，也是牵挂家人是否平安，还有恐惧世事无常的变化。

人生太莫测了，生命太脆弱了，最胆怯的莫过于物是人非。

这首小诗堪称宋之问的代表作，后人鄙夷他的生平所为，却在这首诗里和他找到共鸣。

或许，思乡之情是古往今来的通病，无法药愈。对当下生活在都市的年轻人来说更是如此。我们在千里之外谋生，故乡既无春秋，也无冬夏，每次过年回家，除了开心之外，往往还有胆怯与苦涩。

因为一年一归家，故乡在不知不觉间变了模样：泥土路变成了马路；熟悉的老店关门了；霓虹灯取代了儿时的萤火虫；爷爷奶奶的脸上又添了几道皱纹，鬓间又多了些许白发；还有一些熟悉的老人，在我们不知情的某个时候，长埋泥土之下。

每当这种时候，"近乡情更怯，不敢问来人"这两句诗，就显得尤为贴切，道尽肺腑里的痛。

"广厦千间，夜眠仅需六尺；家财万贯，日食不过三餐。"

名利权势总是令人向往，引人追逐，但大限来临的那天，我们双手空空，不会从世间带走任何东西，名也好，利也罢，都是镜花水月一场梦。

所以，宋之问的一生何其悲情，为了那些虚荣和浮华，他甘愿把尊严抛在脚下，把无耻写在脸上，最终又得到了什么呢？不过是千古骂名，还白白糟践了一身好才华。

人生是一场匆匆的流年急景，我们要快活地活，更要有尊严地活。

管道昇：我泥中有尔，尔泥中有我

如果伴侣出轨了，要怎么办？

有人会痛哭一场，然后烧掉信物，当风扬其灰，头也不回地离开，再扔下一句"从今以后，勿复相思"；

有人会不哭不闹，不声不吭，默默接过休书，再默默地看他娶新人，等他喜新厌旧，重新记得她的好，说一句"新人不如故"；

也有人会藕断丝连，要放下，却舍不得旧情，要继续，却咽不下委屈；在爱与恨之间徘徊犹豫，长叹一句"女之耽兮，不可脱也"。

面对同样的婚姻问题，每个女子的答案都不一样，而管道昇的选择则有些耐人寻味。

1. 结发为夫妻

从古至今，催婚就是一个热门话题。

在宋末元初，浙江德清有位大龄女青年，已经过了二十五岁，依然没有定亲。街坊亲友们都开始急了，大家议论纷纷，一边替她发愁，一边给她张罗亲事。

但她并不着急，一次又一次地相亲，一次又一次地失败。

是她穷吗？不！她家境优渥，门第不俗，自小受书香熏染。

是她丑吗？不！她生得青春貌美，动静皆宜，举止娴雅，"气质美如兰"大概是对她最好的写照。

是她蠢笨吗？不！她天资过人，饱读诗书，在书法和绘画方面造诣不俗，所绘制的《璇玑图》，被赞"五色相间，笔法工绝"。她尤其喜欢画墨竹梅兰，曾经画过一幅《竹石图》，高一丈，觉六尺，寥寥数笔，却是惟妙惟肖，画中竹仿佛活过来了，枝叶摇曳，望之如有清风拂面。

她就是鼎鼎有名的女书法家管道昇。

这样一位窈窕淑女，当然有无数君子追求，事实上，来求亲的人几乎要将门槛踏破了，但管道昇一一回绝了。众人又是疑惑不解，又是无奈：如此才貌双全的女子，连世家大族都求着迎娶，她却始终不为所动，宁愿待字闺中，难道是心底藏着谁？

众人猜得没错，管道昇一直在等待着她的意中人。

他不是某个具体的书生或才子，而是她在心中勾勒许久的画像：一个才华横溢的郎君，一个情投意合的郎君，一个能和她共同钻研书画的郎君。他甚至不必英俊，也不用大富大贵，她只求两情相悦、举案齐眉。

很难相信，这是几千年前的择偶观。在那个男子为尊的时代，她多么清醒自持，又多么聪慧独立啊。没有被世家门第所迷惑，也不曾被甜言蜜语哄骗，不将就，也不随波逐流。

一年，两年，桃李年年嫁东风，管道昇却依然待字闺中。就在众人以为管道昇要孤独终老的时候，一个名叫赵孟頫的男子出现了。

那年，管道昇已经二十七岁，她随父亲往京城（元大都，即今北京）探亲，在路上遇到了清俊公子赵孟頫。

他出生高门，是皇室宗亲；他才华横溢，为人聪颖机敏，少年时就过目成诵，在读书上颇有天分，对书法和绘画也很精通，是实打实的才子；他踏实上进，早就受到朝廷瞩目，年纪轻轻就被授予官职。

总之，他在管道昇眼里什么都是好的，是她寻觅已久的佳偶。

爱情就这样不期而至。起初，两人只是淡淡闲聊几句，结果越聊越投机，彼此都有了异样的情愫。一个温柔娴雅，一个文质彬彬，又有共同的爱好，怎么看都是良配。

小娘子爱才，郎君重色，两好相映，两情相依。戏台上不都这么唱吗？眼下这一见钟情，又何尝不是一出好戏？不过，戏是演的，这郎情妾意却是真的。

其实，赵孟頫早已听闻管道昇的盛名，自《竹石图》面世以来，他就悄悄去观赏过多次。每次见了，心内都赞叹不已，觉得这样的女子世间罕见，只是他听多了管家小姐的传闻，误以为她性格怪僻，眼高于顶，不敢贸然求亲。

没想到而今误打误撞，金风玉露终相逢，真是天赐良缘，让一对璧人成双。

2. 故人心易变

最好的婚姻，是势均力敌，是精神上的门当户对，管道昇与赵孟頫便是如此。

春暖花开时，他们一起品茶作画，过却春光总不知；夏日炎炎时，他们一同泛舟湖上，昼玩夜不休；秋天落叶时，他们共饮一杯菊花酒，醉眼看山百自由；冬寒料峭时，他们共赏梅花，切磋诗词，裹茗抱被来同眠。

这恩爱的夫妻生活，好不甜蜜，当真是只羡鸳鸯不羡仙。

彼时的管道昇，觉得自己着实幸运，犹记得某日，赵郎在耳旁说："娶妻不求貌，只求才，若空有如花似玉之貌，言语却乏味，志趣却低俗，如何携手共白首？"

他在恭维她腹有诗书气自华，允诺她白头到老不变心，哪怕明知道誓言不可靠，但他言之凿凿，她如饮蜜糖，笃信自己没有嫁错人。年少时，她百般拖延与挑剔，不过是怀着"一生一代一双人"的奢望，如今竟然都实现了。

然而岁月无情，日日催人老。镜子里的红颜慢慢褪去颜色，任谁都无可奈何，管道昇也不例外。她再怎么才华出色，也掩盖不了年老色衰的事实。

朱颜辞镜花辞树，她并非不懂。因为中年的赵孟頫深受元世祖（忽必烈）器重，仕途顺畅，正是意气风发的时候。彼时，元世祖对赵孟頫非常器重，不仅授予他翰林学士承旨、荣禄大夫等职，让他高居一品，还对他的个人生活相当关注。赵孟頫冬天畏寒，元世祖就特赐貂鼠皮大衣，以供他驱寒，这份殊荣简直让外人咋舌。

赵孟頫如此受宠，又位高权重，应酬自然是络绎不绝。他吃多了山珍海味，见多了莺莺燕燕，喝多了陈酿美酒，不禁有些飘飘然，生出不该有的小心思：同僚们都有娇妾美婢陪同，个个花容月貌，满场秋波款款，唯独我孤零零的，多没面子呀。

谁不喜欢美人呢？樱桃樊素口，杨柳小蛮腰，他瞧得眼睛都直了，只是不敢多瞧。

人生得意须尽欢啊，赵孟頫想到管道昇，不免有些索然了，虽然她盛名在外，但到底比不过这些年轻姑娘。想来想去，他开始盘算纳妾这件事。相敬如宾的日子过够了，是该添点新的乐子了。

什么"一生一代一双人"，什么"我爱的是你，我跟她只是玩玩"，都是春风过耳，不走心。说这些话的时候，他们或许是真诚的，但真诚是有期限的，当他们遇到新人，再好的誓言也变成了谎言，因为他们做不到了。

不得不说，赵孟頫的这番举动，在大家的情理之中，又在看客的意料之外。是的，人心易变，如池水起波澜，男子的爱就如同春风，永无静止的时刻，永远在撩拨池水。

3. 生死同衾约

是日，满地落花铺绣，春色著人如酒。黄莺儿在窗外的杨柳树上成双而入，轻轻呢喃。

管夫人早起时，丈夫已上早朝去了，桌上静静铺着一张字笺，墨迹还未干。那秀逸潇洒的小楷是管夫人再熟悉不过的，她以为他又想到了什么新诗、新词，邀她一同欣赏，拿起一看，却是他的纳妾宣言：

我为学士，你作夫人。
岂不闻王学士有桃叶、桃根，
苏学士有朝云、暮云？
我便多娶几个吴姬、越女无过分。
你年纪已过四旬，只管占住玉堂春。

管夫人心中恍惚，惆怅之余，是薄薄的凄凉，还有事到临头的无奈。果然，她的担忧并非空穴来风，赵孟頫当真想纳妾了。从前他只是嘴上试探，她也佯装不懂，没想到这一回，他居然挑明了。

他终究是嫌她人老珠黄，急切地想纳新欢，怕她不答应，还拿王献之和苏东坡纳妾之事来暗示：只是个小妾，再宠爱又如何，你依然是正室夫人。

在赵孟頫看来，这或许已经是一种妥协，向她保证正室之位。但他忘了，她在乎的哪里是名分，是他的心意呀。

管夫人又想起了从前，那样的好时光，那样的非卿不嫁、非卿不娶，终究是错付了。他早忘了俩人共患难的日子，昔日的信誓旦旦也全都被他抛诸脑后。

她该庆幸吗？至少赵孟頫没有直接将女人领回家，还知道与她商量，懂得征求她的同意，算是给了她几分薄面吧。

她越想越苦涩，心里也越发有了决定。

她是谁？她从前是宁可受着流言蜚语，也绝不委屈自己下嫁的才女。如今她为人妇、为人母，那份傲骨丝毫没有丢，还更多了几分内方外圆的柔然与智慧。

不过纳妾而已，有何可惧？管道昇笔随心动，在丈夫的词句下面，提笔又添了几行字。

赵孟頫呢？他何尝不知道有愧妻子，但他依然怀着侥幸，散朝回家后，直奔后院，渴望从管道昇口中听到答案。

满室空空，管道昇有意使脾气，早就带着儿子离开了，只说是回娘家赏花，归期不定。

赵孟頫无奈，一个人孤零零用过晚膳，心中不免有几分失落，又有几分忐忑。他知道，是自己管不住心里的蠢蠢欲动，让管道昇生气了。难不成他真的错了？但显贵如他这般的官员，谁不是三妻四妾呢？

思绪纷乱中，他发现了桌上那张字笺：

尔侬我侬，忒煞情多。

情多处，热似火。

把一块泥，捻一个尔，塑一个我。

将咱两个，一齐打破，用水调和。

再捻一个尔，再塑一个我。

我泥中有尔，尔泥中有我。

我与尔生同一个衾，死同一个椁。

好一首《我侬词》！吾妻才情不减当年，且心心念念的人只有我一个，只愿与我一人白头到老，从无二心啊，而我却——

赵子昂啊赵子昂，你瞧瞧你做的什么好事？你看你配得上她吗？妻子的才气、品德，以及与他相守一生的决心，是多少年轻曼妙的女子、多么倾城倾国的容颜也换不回的。

赵孟頫缓缓放下了纸张，他的内心是惭愧？是后悔？是放下？是释然？他自己也说不清，但他再也没有动过纳妾的念头。

这场婚姻危机就这么被管道昇巧妙地化解了，直到今天还被后人津津乐道。从此以后，赵孟頫没有再辜负管道昇，他们夫贵妻荣，甘苦与共。

1317年，赵孟頫被元仁宗册封为魏国公，管道昇受封魏国夫人，又因为她超然的书法和绘画成就，后世便尊称她为管夫人，与东晋著名的女书法家卫铄卫夫人齐名，在历史上留下厚重的一笔，也在画坛留下夫唱妇随的佳话。

他们不仅分享荣耀，也同担疾苦。赵孟頫虽在元朝任职，但他毕竟是赵宋皇室后裔，在很多士大夫眼里，难免有失节的嫌疑。管道昇始终支持丈夫的决定，不动声色地安慰他。

两年后，管道昇病逝，赵孟頫悲痛不已，怀着悲痛之情，为妻子撰写了《魏国夫人管氏墓志》。在他笔下，既有对往日美好生活的真切回忆，对伊人不再的巨大伤感，也有一位书画大家对同行的崇敬和惋惜之情。

没有居高临下的姿态，这才是平等的爱。惺惺相惜，是史上罕有的，也是对管道昇这个才女一生最好的注解。

1322年，赵孟頫也逝世了，与管道昇合葬于浙江德清东横山，终于践行了"我与尔生同一个衾，死同一个椁"的诺言。

管道昇和赵孟頫，其知名度并不亚于李清照与赵明诚。这场婚姻始于颜值，敬于才华，久于善良，终于人品。虽然也曾出现过危机，但却被女方巧妙地化解了。

也许会有人替管道昇委屈：为什么要原谅呢？他既然动了心思，就是对爱情的不忠啊。因为相爱很难，坚守更难，婚姻中最可贵的，不是我们曾经在茫茫人海中选择了彼此，而是无论多久，无论遭遇什么考验，我们仍然会选择彼此。

虽然有过失落和难过，但婚姻实不易，且行且珍惜吧。

苏辙：当年眉山在，还忆兄弟情

真的有人愿意甘心当绿叶吗？陪衬鲜花，自己收不到任何赞美与芬芳。抑或是当一颗星星，环绕着月亮，永远藏身在对方的光辉里？

苏辙说：我愿意。

他明明也是一个天才，却愿意被另一个大天才掩盖光芒，不介意被对方抢走目光，也不介意受对方牵连。

因为他们是最好的兄弟，也是一段无法复制的佳话。

1. 制举特殊户

有一个比你聪明、优秀的哥哥是什么体验？

如果放在今天，大家的答案可能五花八门：嫉妒羡慕恨、讨厌他、抱怨父母偏心、拒绝这种"别人家的孩子"……但是，这个问题放在苏辙身上，他只有一个答案：还能怎么样，宠他呗！

苏辙，一个从小活在哥哥苏轼光环下的"倒霉"孩子。

小时候，因为苏轼是家中长子，被父母寄予厚望，所以，大家都有意无意地忽略了苏辙。连他的名字都是沾了哥哥的光：轼，马车上的扶手；辙，马车的车轮印。

更要命的是，哥哥自小聪明绝顶，简直是过目成诵，不知道被师长夸过多少次。相比之下，他就没有那么耀眼了。

长大之后，苏轼名扬天下，从乌台诗案到黄州、儋州、密州，一路走来，简直是风起云涌，留下许多千古名句，也成就了一座不朽的时代丰碑。他呢，虽然也是高官厚禄，虽然也有文章传世，但怎么也及不上哥哥的光芒万丈。

世人都说，"眉山出三苏，草木为之枯"，盛赞他们苏家父子，但世人眼里其实大多只有哥哥，看不到弟弟。

对此，苏辙毫不生气，甚至还有点想笑：我哥就是很厉害，当然，我也不差，毕竟我可是让科考改期的人！

1061年，仁宗皇帝招"制科"之士。宰相韩琦在查看报名表时，看到"苏轼""苏辙"两个名字赫然在列，捋了捋胡子，一脸满意地笑了。

其实早在四年前，兄弟俩就已经在常规的"贡举"考试中展露了"学霸体质"，这一次的"制举"是君主特意为选拔非常之才安排的，比"贡举"考试的严苛度和难度大将近千倍。有数据显示，两宋三百年，考中进士的有四万多名，考中制举者却不过四十多人。

就这难度，兄弟俩依然信心满满地报了名，闭门谢客，专心备考。没有想到的是，八月中旬临考前，苏辙竟然病倒了，眼看着就要与制科考试擦肩而过。

"天不助，人助！"宰相韩琦得闻此事，甚感可惜，立马上奏宋仁宗，他说，今年应试者中，唯苏轼、苏辙声望最高，苏辙却因生病无法应试，"如此人兄弟中一人不得就试，甚非众望，欲展限以俟"。

如果因为生病就错过一个优秀人才，这必定是朝廷的损失、国家的损失啊！所以，我们把策试时间推迟吧，等一等苏辙。

仁宗倒也珍惜人才，一口应允了。于是，这年的制试推迟到了九月才举行，足足延期了二十日，全国考生专等苏辙一人。不仅如此，此后的制试都改期为九月。

试问从古到今，哪位"考生"能有这等面子？若不是有真才实学，又怎能有这等待遇？所以说，别再把苏辙当成哥哥的陪衬，其实人家才学极高、人缘极好。

这场特殊的制科考完以后，哥俩交流考试情况。

苏轼自信满满地说：既然是针砭时弊，我写得很畅快，写着写着就忍不住毒舌了。

苏辙嘿嘿一笑：我也是。

事实上，一向看起来沉稳低调的苏辙，写了一篇比哥哥更犀利的文章：他开启狂撑模式，直撑皇帝天天不干正事儿，就知道声色犬马，被一群妇人牵着鼻子走。

"为天地立心，为生民立命"，苏辙答的不是试题，而是一份"为万世开太平"的襟怀，所以才有了针砭时弊的惊人之举。或许，宋仁宗看到这份答卷，脸色都变绿了。

等金榜贴出来，苏轼自然是不负众望，得了第三等，当时前两等形同虚设，第三等已经是最牛。而苏辙因为文章火力太猛，让考官们看得既暗自痛快又忍不住拍桌子叫骂，引发多番激烈争论，最终被定为了第四等。

宋仁宗人前乐呵，"朕今日为子孙得两宰相矣"，一个转身，就吩咐史官记下自己"赦其狂妄率直之罪"的盛德。既言"狂妄"，想来对苏辙的印象大打折扣，心里多多少少有了成见。

其实，苏辙十九岁进士及第，二十三岁制科入等，已是名副其实的少年得志，可惜这番"怒撑皇帝"操作，令他政治前途大受影响，为后来的官场沉寂埋下了伏笔。

2. 世世为兄弟

林语堂先生曾不无赞赏地说：往往为了子由，苏东坡会写出最好的诗，那些妇孺皆知的千古绝句，都是他对弟弟的情意。

"但愿人长久，千里共婵娟"是为苏辙写的，因为想他了；

"此生此夜不长好，明月明年何处看"是为苏辙写的，因为又想他了；

"世事一场大梦，人生几度秋凉"是为苏辙写的，因为受委屈，想找弟弟寻求安慰；

"人生到处知何似，应似飞鸿踏雪泥"，也是为苏辙写的，因为自己要去凤翔赴任，弟弟有些伤感，想安慰弟弟……

苏轼是个经"官方认证"过的"宠弟狂魔"，而弟弟苏辙也并没闲着，你来我往，亦是佳句连篇，而且，他对苏轼的仰慕、理解和支持始终不曾改变，风雨无损。

小时候，他们就常常一起漫山遍野地玩闹：骑在水牛背上睡觉，到处摘可以吃的野栗，跑去隔壁村的表哥家，在泥巴堆里挖掘宝藏……玩到尽兴时，把功课忘得干干净净，等父亲回家要考核作业，两人都紧张不已，晚上挤在一起，翻来覆去的，睡不着觉。

长大后，他们各自去外地做官，依然是无话不说，在信件里分享彼此的生活。偶尔有机会碰面，他们还像幼时那样，对床而睡，挤在一个房间里，叽里咕噜地闲聊。

其实越是亲密的两人，越是怕被拿来比较。因为有比较就会有差异，难免会评出优劣胜负。谁会愿意一直屈居人下呢？哪怕是亲兄弟，也会生出嫉妒和不平，让往日的亲密关系失衡。但是对于苏辙来说，这个问题仿佛不存在，他的心态一向很好。

哥哥被众星捧月，弟弟就为他喝彩；哥哥遭难，弟弟就乘风破浪，披荆斩棘，救哥哥于水火。

1079年间，苏家遭遇了一场大变故。

在这之前，苏轼一向过得嘚瑟，觉得"吾上可陪玉皇大帝，下可陪卑田院乞儿，眼前见天下无一个不好人"，可是官场险恶，他很快就被"打脸"。

那年，苏轼由徐州调任湖州知州，七月，他被人指控在诗句里讥讽朝政，紧接着，御史台就派人前往湖州逮捕苏轼，震惊朝野的"乌台诗案"就此爆发。

苏辙很快得知了消息。谁也不知道这件案子将如何判，谁也不知道皇帝是否会株连，一时间，苏家很多亲朋好友都惊慌失措。苏辙却在这突发的危机前，展示出了过人的冷静和魄力，他以最快的时间做出应对。

首先，他即刻修书，派人快马加鞭告知苏轼，并承诺会照顾好一家老小，尽量减少哥哥的后顾之忧。其次，他连夜上奏《为兄轼下狱上书》，自愿削去自身官职，只求能保住哥哥的性命。其中有：

臣早失怙恃，惟兄轼一人，相须为命……臣欲乞纳在身官，以赎兄轼，非敢望末减其罪，但得免下狱死为幸。

这份感情和魄力令人感动，这份危机处理能力也令人称赞。

苏轼在狱中备受煎熬，生死未卜，有一天，他看到送来的饭食中有鱼，误以为自己小命休矣，因为他和儿子苏迈曾经约定过以鱼为危机信号。苏轼不知道是什人送错了饭菜，心灰意冷，写下绝命诗《狱中寄子由二首》，其一为：

圣主如天万物春，小臣愚暗自亡身。

百年未满先偿债，十口无归更累人。

是处青山可埋骨，他年夜雨独伤神。

与君世世为兄弟，又结来生未了因。

死亡就在眼前，这一刻，他所念所想，都是骨肉至亲。

什么名利，什么诗文，少年时的意气与抱负都落空了，恍如一场梦。他想想，也不觉得可悲，只是愧对家中亲友，尤其是弟弟苏辙。他们说好一起归隐山林的，他英年早去，只剩下他一个人宦海沉浮，将来辞官归故里，也只能形单影只。

想来想去，他唯有长叹，允诺一句：来生吧，来生我们还做骨肉兄弟。

苏辙从狱卒手中接过哥哥亲笔写的"遗书"，眼泪夺眶而出，顾不得形象，伏案痛哭。但是他很快又冷静起身，将纸条交还狱卒，心中另有了打算。

　　果然，依照当时的条律，这首诗被一层层上交审查，最终到了神宗手里。神宗看了，深表感动，更加不忍心了，加之太后和重臣王安石等也为苏轼求情，他便赦免了苏轼的死罪，将他贬往黄州任团练副使。

　　与此同时，苏辙也被贬去江西。他在江西安顿好一家老小十几口人后，又马不停蹄地护送苏轼一家老老小小，陪他们跋山涉水到黄州。

　　官场诡谲，人情冷暖，世态炎凉，苏轼之所以能在任何境遇里都超然超脱，除了自身豁达的心态外，也离不开弟弟在背后默默的支持与付出。

3. 宦海多沉浮

　　1085年，苏轼起登知州，年幼的哲宗即位，反对变法的高后听政。次年，苏辙再次入京，从右司谏做起，登上了属于自己的"青云梯"。

　　从起居郎到中书舍人，再到吏部尚书，苏辙的升迁之路走得顺风顺水：1090年，他掌御史台，成为执法之官；1091年，他升任尚书右丞，掌参议大政；1092年，他升任太中大夫、门下侍郎，官职一度升至副相。

　　藏龙数十载，终于青云直上，这步调，让人惊掉下巴。

　　苏辙并不骄矜，一心为国，满腔抱负。他凭借一双火眼金睛鉴识奸佞，提出了很多对百姓有益的举措，他在仕途上彻底反超了哥哥苏轼，成为"老苏家"官员品级最高的一个。

但他和哥哥一样，满身都是傲骨，内心依然还有那份直撑皇帝的热血，注定会在朝堂中碰壁。1094年，他上书反对哲宗恢复熙宁新法，惹怒了哲宗，自此一贬再贬。

1097年，苏辙被贬为化州别驾，安置雷州处分。此时，苏轼也被贬为琼州别驾、昌化军安置。

这对难兄难弟在雷州相聚了数日，喝酒对饮，一起畅聊退隐后的生活。少年时，他们有过约定，说将来如果不当官了，一定要找个地方，一起退隐，无论晴天阴雨，彼此都能做伴。晚上还能睡在一张床上，聊聊诗词，唠唠家常。

几十年过去了，他们成了家，有了孩子，但这个约定都还记得。他们再一次拉钩约定，只是双方都没料想，这个约定没有实现的那天了。此地一别，竟然成了永别。

四年后，苏轼在常州去世，对于苏辙来说，他不仅少了一位至亲，也少了一位知己。为此，苏辙心伤不已，政治生涯的起伏波澜也早已令他生出倦怠，有了归隐之心。

1104年，苏辙定居颍川，筑室曰"遗老斋"，自号"颍滨遗老"。虽然哥哥不在了，当初那个约定落空了，但他并没有忘记那份亲情，他将苏轼的长子和次子接过来，体恤他们日子困顿，常常照拂。

从此，他谢绝宾客，终日读书著述，默坐参禅，静静地思考人生，终年七十四岁。

纵观苏辙，著作丰厚，多达九十六卷，亦有诗歌传唱不朽；仕途跌宕，有过荣光，也有过坎坷。这一生不可谓不精彩，甚至不在其兄之下。哪怕他名声没有那么响亮，光芒没有那么耀眼，但他在自己的位置上，笃定地发着光，生活在天才身边，依然活出了自己的风采。

人生就像是一场漫长的戏剧，大幕拉开，每个人都是演员。歌哭哀乐，离合悲欢，得意或失意，相聚或别离，万千滋味，都要尝个遍，也要演个遍。

没有谁能一直站在舞台中央，也没有谁是永恒的主角。我们要做的就是摆正心态，找到自己的位置，描眉画目，唱念做打，演好属于自己的戏份，哪怕不多，演到酣畅淋漓，也足够出彩了。

何必要去抢占中心位置呢？尽心、尽兴地活过一回，此生足矣！

孟浩然：山中隐居客，风流天下闻

网络上流传过这样一个统计：在唐朝绵延二百多年的历史中，有名有姓的诗人有两千五百多位，其中，怀才不遇者大有人在，但终其一生都未曾做过官的，只有孟浩然一人。

他的一生以归隐开始，以归隐告终。

他也曾向往过，怀着鸿鹄志向，渴望建功立业；他也曾努力过，寻找出仕的机会，游走于长安社交圈；他也曾迷茫过，在自由的灵魂和官场的束缚之间挣扎。

但他最终还是找到了答案，放弃近在咫尺的功名富贵，选择回归田园，让那颗曾流离飘荡的心灵彻底回归宁静。

1.青年自逍遥

689年，在襄阳城的一户大院里，有个婴儿呱呱坠地。

这家虽然算不得地方豪强，却也略有薄产，是典型的诗书门第。男主人喜出望外，给孩子取名浩然，取自孟子"我善养吾浩然之气"，大概是希望他承继先辈风范吧。

小浩然渐渐长大，聪颖过人，自幼读书学剑，能文能武。那可是风云际会的大唐，哪个少年郎不渴望建功立业呢？孟浩然也不例外，他小小年纪就豪迈自信，乐观旷达，曾经写下一首《洗然弟竹亭》，寄托自己的鸿鹄志向。

吾与二三子，平生结交深。

俱怀鸿鹄志，共有鹡鸰心。

逸气假毫翰，清风在竹林。

达是酒中趣，琴上偶然音。

你我当如云中鸿鹄，志在高飞，云游千里，岂可与丛中燕雀相提并论？

字里行间，有多少意气和潇洒呀！然而，孟浩然没有赶上好时机，在他迈向青年时，也恰是唐朝动荡时，皇权几度更换，世道趋于混乱，这无疑给他当头泼了冷水。

705年，武则天去世，还位于唐中宗李显。中宗性格懦弱，在帝位仅五年多，便被人毒害。紧接着，唐睿宗李旦登临权力顶峰。

这朝堂变更，不是一个少年郎能掌控的，他的仕途之心淡了。再加上深受儒家"天下有道则见，无道则隐"的熏陶，孟浩然做出了一个大胆的举动——拒绝参加科举考试，并在711年，同好友张子容一起隐居鹿门山。

山野生活清净而自在，孟浩然渐渐爱上了这样一种生活。

山寺鸣钟昼已昏，渔梁渡头争渡喧。
人随沙岸向江村，余亦乘舟归鹿门。
鹿门月照开烟树，忽到庞公栖隐处。
岩扉松径长寂寥，惟有幽人自来去。

这首《夜归鹿门山歌》，主要描写了孟浩然从老家涧南园回归隐居地，途中看到的情景。

暮色降临，山寺的钟声悠悠回荡，渔梁渡口正是一派喧闹，人们争先乘船，想要快些赶回家中。诗人却远离人群，独自乘着小舟向鹿门山行去，一路上，月色朦胧，树影绰约，仿佛被蒙上了一层轻烟。

船行到山脚下，一条幽静的小路蜿蜒而上，不见人烟与喧嚣，只引领着那些隐者和幽客来往，摒却了红尘烟火。

2. 中年入长安

712年，李隆基即位，是为唐玄宗，大唐政治走向清明。

同年冬天，一起隐居的好友张子容要去应考进士，孟浩然写下一首《送张子容进士赴举》，依依惜别，心中也渐渐泛起了涟漪。

既然有了贤明的君主，我何不一试，登上朝堂，尽我所能、展我抱负？

彼时已二十四岁的孟浩然，开始蠢蠢欲动。在接下来的十年里，他辞亲远行，在长江流域一带漫游，四处交结朋友，并干谒公卿名流，希望能够得到进身仕途的机会。

727年，孟浩然三十九岁，他第一次赶赴长安，参加科举考试，结果却惨遭落榜。那时的他，在外飘零数十年，鹿门山里"春眠不觉晓，处处闻啼鸟"的生活，已经遥远得如同一场故梦。

眼看白发渐生，风霜爬满脸上，自己却仍是一事无成，他忽然觉得很累，觉得疑惑：我想要的究竟是什么？即便考中了、当了官又能怎样？我这样一个爱慕自由、向往闲适生活的人，真的能够应对权力斗争的诡谲吗？真的愿意从此规行矩步，接受名利场的种种束缚和种种污浊吗？

他一遍遍地想，不，他做不到！

就在孟浩然渐渐想明白的时候，他一直苦苦寻求的入仕机会竟然来了！

说来有趣，这还得益于大诗人王维的帮忙。孟浩然在落榜后，结识了王维，在对方的劝说下，他暂且留在了长安，献赋以谋求赏识的机会。

一天，孟浩然在王维府中饮酒，玄宗皇帝突然到来。在当时，平民百姓是不能直接面见皇帝的，情急之下，孟浩然藏到了床底下，却还是被皇帝发现了。

玄宗早就听闻过孟浩然的名声，他那句"荷风送香气，竹露滴清响"可谓名动京师，在很多达官贵人间传唱。他不仅没有怪罪孟浩然，反而十分高兴，要他当即赋诗一首。

孟浩然原该欣喜若狂的，可他竟五味杂陈，感慨万千，沉默半晌后，才缓缓吟出了《岁暮归南山》：

北阙休上书，南山归敝庐。

不才明主弃，多病故人疏。

白发催年老，青阳逼岁除。

永怀愁不寐，松月夜窗虚。

他说，怪我自己呀，年老多病，所以朋友们都疏远我；才华浅薄，所以君王也不用我了。

很明显，这是在发牢骚了，仿佛怨妇一样，幽幽地倾吐着这些年的哀伤：怀才不遇，年老归隐，落得一事无成。他表面上把这一切悲剧归咎为自己，似乎是在为"明主""故人"开脱，实际上却是隐含了对朝廷不用人才、故人不加援引的怨愤。

玄宗怎么会听不出来呢？听到"不才明主弃"一句，他勃然大怒，说："你自己不去求取功名，我从来没有弃用你，为什么要诬陷我？"说罢，便拂袖而去。

得罪了皇帝，仕途之路似已再无着落，但孟浩然却感到了内心期盼已久的释然。

不如归去！他想，山林之中多自在，何必自陷牢笼，把自己困在官场呢？他已经浪费了许多时光，余下的日子，就回归田园吧。

3. 晚年归田野

回到故乡襄阳，做了短暂停留后，孟浩然开始了第三次吴越之旅，此时的他心境已然大变。

曾经，他四处飘荡，寻求当官的机会，内心始终被焦灼苦闷占满，再好的风景也无心赏玩；而如今，逃脱名利的牢笼，他终于可以痛痛快快地"穷极山水之胜"。

730年，孟浩然沿着浙江西游来到了建德县境内。在这里，他写下了一首淡到极致也隽永到极致的《宿建德江》。

移舟泊烟渚，日暮客愁新。
野旷天低树，江清月近人。

落日莽苍，江流宛转，一叶轻舟在苍茫中飘忽不定。在这暮色四合、万籁俱寂的时刻，诗人举目四望，只见旷野苍茫无垠，远处的天空显得比近处的树木还要低；月华笼罩，倒映在清澈江水中的月影仿佛近在咫尺，触手可及。

此情此景，本该是清冷荒凉的，但诗人并不寂寞，他与头顶的明月遥遥相望，仿佛知己相遇，一切尽在不言中，月色化为无声的对白。

诗句到此，戛然而止，但那开阔苍茫、千秋邈远的意境却余味悠长：宇宙是那样广袤，天地是那样悠远，千年岁月也不过弹指之间，一时的失意和人生的落寞又算得了什么呢？

738年，孟浩然因患背疾，终于重新回到了襄阳。

这期间，他不再外出，居家修身养性，读读书，种种地，和诗友们相赠答，日子清闲而舒适。

谁不羡慕孟浩然呢？整个大唐诗坛，交际最广的就是他。李白为他写诗，王维为他喝彩，王昌龄也是他的粉丝。两年后的一天，王昌龄被贬官，途中经过襄阳城，他兴奋地上门去拜访自己的偶像。

老友相见，宾主尽欢，孟浩然非常高兴，热情地款待了王昌龄。在欢喜之下，他忘了大夫的嘱咐，吃了不该吃的食物，背疾复发，就此离世。

如果要用一个字来形容孟浩然，那就是"隐"，如果要用一个字来形容孟浩然的诗歌特色，那便是"淡"。

作为山水田园诗的开启者，孟浩然深受陶渊明的影响，无论在内容、感情，还是在风格上，都力求境界浑融，纯是天然。

他的诗，你很难找出所谓的金句。他都是最简单的字眼，最朴素的表达，但往往能在你心里勾勒出最真实的烟火人间。绿树村边，青山郭外，仿佛简笔画，越看越有味道。

他的人，就如他的诗，恬淡平和，一生没有大起大落，也没有什么轰轰烈烈，只有简单的情节和快乐，如同每个普通人。

这大概才是真正的隐士吧，青年时隐于身，中年时隐于欲，晚年时隐于心。虽然算不上得志，但本心清明，找到了真正的自己。

贺铸：谁谓男儿丑，心有蔷薇嗅

北宋词人贺铸，有两个很有趣的外号。

有人叫他"贺鬼头"，因他身格耸拔，相貌奇丑；也有人叫他"贺梅子"，因他曾写出"试问闲愁都几许？一川烟草，满城风絮，梅子黄时雨"这样温婉清丽的词句。

在贺铸身上，粗犷与温柔、豪放与婉约，奇妙地融合在了一起。他也许没有好看的皮囊，但灵魂足够有趣。

1. 貌丑贺鬼头

如果古代诗人有个颜值榜，那么贺铸一定榜上有名。别误会，他是丑得赫赫有名。

长久以来，人们对贺铸的第一印象，就是丑！

有多丑呢？首先，他高得过分，高得显目。《宋史·贺铸传》这样记载："长七尺，面铁色，眉目耸拔。"要知道，宋代的一尺，约等于如今的30.72厘米，七尺约为215厘米，也就是说，贺铸的身高在两米以上，在古代，这样的身高算是格外显目了。

其次，他皮肤黑。陆游在《老学庵笔记》中这样描述贺铸："状貌奇丑，色青黑而有英气，俗谓之贺鬼头。"瞧瞧，当时的人说他黑得像个鬼。

再者，他五官长得任性。贺铸去世后，他的好朋友程俱为他写墓志铭，说他"哆口疏眉"——嘴巴大，眉毛稀。

总的来看，贺铸太丑了，难怪他不受欢迎。古人也是看颜值的，比如宋玉、潘安、卫玠，这种有才又有貌的文人，才是他们的心头好。谁若是长得丑，哪怕才华横溢，也只能落得嘲笑。

不过，好在贺铸争气，他有趣的灵魂，并没有被外在的皮囊所掩盖。

就像陆游，虽然说贺铸丑，但很快又赞美他："诗文皆高，不独攻长短句也"；就像友人程俱，虽然也说贺铸丑，但也不遗余力地表扬他："仪观甚伟，如羽人剑客。"

贺铸自己也并不自卑，反而豪气干云地说："当年笔漫投，说剑气横秋。自负虎头相，谁封龙额侯。"

大丈夫何必拘泥于外貌呢？我虽然长得丑，但我有趣呀。

最有趣的，是贺铸的性格非常幽默。

《宋史》中记载，贺铸十分擅长作曲，常常把别人丢掉的曲子搜集起来，稍加剪裁、组织，就成了新的曲子。对此，他不无骄傲地说："我用笔驱使着李商隐、温庭筠，常常使他们不停奔命。"

第二有趣的，是贺铸的酷。他行事也不拘一格，很有意思，有时候让人摸不着头脑，想想又忍不住会发笑。

贺铸曾经有个关系户同事，是贵族子弟，骄纵傲慢，目中无人，惹得大家敢怒不敢言。贺铸经过多方察访，了解到对方偷盗公物，但他并没有告发，相反，他找了个机会和对方私聊。

贺铸把仆役和公差都屏退，把这个贵族子弟关在密室里，手里拿着刑杖，说："过来，你在某时盗窃某物去做某用，又在某时盗窃财物拿回了自己家中，是这样吗？"

那个贵族子弟吓坏了，立刻给他叩头。贺铸说："如果你甘心接受惩罚，我就不揭发你了。"

对方被他唬住了，真的脱去衣服、撅起屁股，乖乖让贺铸打了数下，又连连叩头乞求。贺铸放声大笑，像恶作剧得逞的小孩似的，打完后，就将他放了。

从此以后，那些仗势欺人的关系户，一看到贺铸，"皆侧目不敢仰视"。

2. 位卑而忧国

贺铸还不改少年侠气。哪怕历经风浪，受尽磋磨，他依然满身热血。

据记载，贺铸的仕途并不顺利，他最初"隶籍右选""授右班殿值"，这是个微末小官，而且还是武官。在当时的北宋，"重文轻武"非常严重，因而，武职出身的贺铸官位卑微，受到了许多轻视。

饱经仕途辛酸的他，曾经给友人写过一封信，写到他内心的感慨："因为生活逼迫，我没有等到正式考进士的机会，就匆匆忙忙去做官了。给人家当侍卫，稍稍违背长官的意愿，被责骂还是小事，严重时，他们甚至可以免你的官，随意践踏你的生命。为了侍奉父母、养活妻儿，我只有低下头来忍受一切。"

只言片语里，满是生活的苦涩，但是，若你以为他被生活压弯了腰，那可就大错特错了！

贺铸很有豪侠气质，年轻时，他喜欢议论当朝大事，指点江山，挥斥方遒。即便是朝廷上权倾一时的大官，只要稍有偏差，他便会毫不顾忌地辱骂。在宦海沉浮后，他逐渐明白理想与现实之间隔着遥远的距离，当年那份少年意气和激昂始终还在。

1088年，贺铸在和州（今安徽和县一带）任管界巡检。他虽然官职卑微，却始终关心国事。眼看着国家内忧外患，词人义愤填膺，遂有了那首千古词作《六州歌头·少年侠气》：

　　少年侠气，交结五都雄。肝胆洞，毛发耸。立谈中，死生同。一诺千金重。推翘勇，矜豪纵。轻盖拥，联飞鞚，斗城东。轰饮酒垆，春色浮寒瓮，吸海垂虹。闲呼鹰嗾犬，白羽摘雕弓，狡穴俄空。乐匆匆。

　　似黄粱梦，辞丹凤。明月共，漾孤篷。官冗从，怀倥偬。落尘笼，簿书丛。鹖弁如云众，供粗用，忽奇功。笳鼓动，渔阳弄，思悲翁。不请长缨，系取天骄种，剑吼西风。恨登山临水，手寄七弦桐，目送归鸿。

　　什么是少年？是仗剑屠龙？是十步杀一人？是不破楼兰终不还？其实不是啊，少年是一份心性，是一份热血，更是一份傲骨。

　　词人回顾生平，少年时的自己侠气干云，肝胆照人，重信诺，轻生死，与友人或策马奔驰，或开怀畅饮，那是多么自由自在、轰轰烈烈的时光啊！可如今的他，却只是官职卑微的一介武夫，被派到各地打杂，纵使笳鼓敲响了，战争爆发了，作为悲愤的老兵，却无路请缨，不能上阵杀敌、为国尽忠。

　　难道他真的老了吗？当然不！你听，连随身的宝剑，也在秋风中发出愤怒的吼声，那是诗人的心声啊，是不堪沉寂的愤恨，是才华不得施展的惆怅。谁能说、谁敢说诗人不再是少年？

　　他心中依然有不平，从不曾改变。直到晚年归隐，贺铸又何尝没有反抗？实在是报国无门。他宁愿以这种不理会的姿态，表明自己不同流合污的决心，也不愿意继续在仕途苟且。

自1109年起，贺铸辞官归隐，居住在苏州，从此，远离朝堂的尔虞我诈和黑暗，醉心诗书，直至终老。

3. 梅子黄时雨

贺铸还有一份不为人知的有趣，那就是温柔。

是的，我很丑，但是我很温柔。贺铸集英雄豪气与儿女柔情于一身，取浓情蜜意与相思哀婉于笔下，可读、可赏、可叹。

最著名的，莫过于那首为他赢得"贺梅子"之称的《横塘路·青玉案》：

凌波不过横塘路，但目送、芳尘去。锦瑟华年谁与度？月桥花院，琐窗朱户，只有春知处。

碧云冉冉蘅皋暮，彩笔新题断肠句。试问闲愁都几许？一川烟草，满城风絮，梅子黄时雨。

"凌波"出自《洛神赋》，用来形容女子走路时轻盈美妙的姿态。

词人说，你看啊，有一个身姿窈窕的女子，从前方路过。我日日见她，日日盼她回首一顾，但她似乎从来没有发觉我的存在，她离我不过一条横塘路而已啊。

我只能目送着她远去，看着她的脚下芳尘，想象着她的日常起居。这是谁家姑娘呢？又是谁陪着她一起度过锦瑟华年呢？可惜寻访无门，我对她一无所知，大概只有明月知道她的住所吧，或许春神也知道，她的妆楼前定然开满春花。

这份暗恋如此磨人，在这长满了香草的横塘路上，我已经苦苦等候多时。日暮黄昏，怎么那个女子还未出现呢？我反复吟诵着为她写的诗，但她却听不到。

我的忧愁啊，就像那水道路旁的青草那样多，就像那满城随风飘动的柳絮那样密，就像那暮春夏初连绵的雨那样长啊！

贺铸到底有没有喜欢过那样一位女子，已经不重要了，他在词作中透出的细腻和深情，足够让人动容。原来，这个貌丑的词人，内心如此真诚温柔。

因这首词太过出名，宋金词人唱和仿效者多达二十五人，作品高达二十八首。以一首词，而吸引众多不同时期的词人来和作，这是唐宋词史上独一无二的现象。

如果说这首《横塘路·青玉案》还只能算"闲愁"，表达一种追恋理想中美人、可望而不可即的怅惘，那么这首《鹧鸪天》则是真正的"沉哀入骨"，那份永失所爱的沉痛，不亚于苏轼的《江城子》。

重过阊门万事非，同来何事不同归。梧桐半死清霜后，头白鸳鸯失伴飞。

原上草，露初晞，旧栖新垅两依依。空床卧听南窗雨，谁复挑灯夜补衣。

这是贺铸怀念去世妻子的悼亡词，在他五十七岁客居苏州时，妻子突然离世。

结发夫妻，那是最深的情意，本来说好白首到老，谁知道中途竟然天人永隔。这如何不让人伤感？

贺铸与妻子本就恩爱，丧偶之后，他几次经过苏州城，物是人已非，更叫人断肠。

这里景物依旧，可那个曾陪着我絮语家常、携手赏景的人，却已不再了。我们一同来的，为何不一起回去呢？

我已老了，白发苍苍，就像一株遭受清霜的梧桐，就像一只失去伴侣的鸳鸯。这些是真实发生的吗？往事明明还历历在目，怎么突然就变了呢？好梦易醒，好物易碎，如同草叶上的露珠般脆弱。

我流连于我们曾经同住的屋子，徘徊于垄上长埋着你的新坟，迟迟不愿接受你离开的事实。此时此刻，我躺在空荡荡的床上，听着窗外的凄风苦雨，没有了你，今后还会有谁再为我深夜挑灯缝补衣衫呢？

这阕词，写人间至痛，用语却是至简至淡，全由心中来，不是虚妄语，写尽了一个中年男人的温情和悲痛。

他想她的时候，脑海里浮现的，是过去妻子补衣服的画面，多么日常。唯有此日常，才显得更真实和难得。他不是无心之人，妻子过去的操劳，他都看在眼里呀，这不是温柔是什么？

大概是因为有趣的人都不会老吧，贺铸很长寿。他经历了神宗、哲宗、徽宗三朝，前后约五十年之久，以填词自娱，临老不疲。

愿你我都能有贺铸的生活智慧，在不如意的环境里，努力让自己活得有趣。让才华、让性格、让少年气，修饰那些困苦和难过，把日子过得活色生香。

王昌龄：醉卧沙场上，七绝成圣手

　　唐开元某年冬，北风凛冽，落雪纷纷。

　　王之涣、王昌龄、高适三人结伴来到旗亭酒楼，一边畅饮美酒，一边谈论诗文。酒酣耳热之际，他们看见四位宫廷梨园弟子走上楼来，随之，是一段婉转动听的乐曲响起。

　　见此情景，王昌龄突发奇想，对另两人说："我们三人都各负诗名，不能分出胜负。不如我们以伶官们所唱的歌来评定，谁的诗作被唱得最多，谁就是优胜者。"

　　另两人点头表示同意。这时，一名伶官悠扬的歌声便飘到了耳畔：

寒雨连江夜入吴，平明送客楚山孤。

洛阳亲友如相问，一片冰心在玉壶。

王昌龄笑道："我的一首绝句。"他在墙壁上画了一下。

紧接着，另一首曲了响起：

开箧泪沾臆，见君前日书。

夜台空寂寞，犹是子云君。

高适也笑着在墙壁上伸手一画，说："这是我的诗句。"

王之涣也不着急，神情泰然。其他两人正欲打趣，一个哀怨凄凉的声音徐徐而起．

奉帚平明金殿开，且将团扇共徘徊。

玉颜不及寒鸦色，犹带昭阳日影来。

这几句出自王昌龄的宫怨诗《长信秋词·其三》，此时他已有两首，他得意地望着王之涣。

王之涣胸有成竹，指着最后一位气质颇为不俗的伶官，对两位友人说："如果这个伶官唱的不是我的诗，我从此再也不与你们争雄；如果是我的诗，你们以后须得尊我为师。"

王昌龄与高适都含笑点点头，看着最后一位伶官缓缓站起，清清嗓子，高声唱道：

黄河远上白云间，一片孤城万仞山。

羌笛何须怨杨柳，春风不度玉门关。

他吟唱的是王之涣最有名的边塞诗作《凉州词二首·其一》。

伶官刚唱完，三人俱哈哈大笑。

这便是有名的"旗亭画壁"的故事，而我们此文的主人公，正是有"诗家夫子""七绝圣手"之称，以边塞诗、宫怨诗及送别诗名闻一时的大诗人王昌龄。

1. 执笔写边塞

作为一个诗人，最幸福的，应该是生在唐朝。

这里，国力强劲，民众衣食无忧，文化繁荣昌盛，民族自信心更是空前高涨。

这里，文人们都昂扬进取，能文能武，争相奔上疆场，渴望一朝立功，封侯拜相。

这里，有高适唱着"万里不惜死，一朝得成功"；有岑参向往着"功名只向马上取，真是英雄一丈夫"；有李白豪情万丈，"高谈百战术，郁作万夫雄"；还有杜甫高喊着"男儿生世间，及壮当封侯。战伐有功业，焉能守旧丘"。

毫无疑问，王昌龄很幸运，他有幸生在大唐，也有幸成为这股从军尚武潮流的弄潮儿。

他说"知我沧溟心，脱略腐儒辈"；他说"从来幽并客，皆向沙场老"。他慷慨赴边，渴望建功立业；他决心血战沙场，终老一生。

723年左右，王昌龄前后来到潞州和并州，后来又漫游西北边塞，先后到过泾州、萧关、临洮、玉门关等边地一带。

在这里，他亲眼见识了大漠风沙的雄浑，看到了战争的艰苦与残酷，体味到了战士们的忠勇，也感受到了他们对故乡的刻骨思念。于是，一曲曲动人的边塞乐章在他的手中奏响。

他的诗中，有浴血奋战的英雄气概和抗敌御侮的爱国赤诚，比如《从军行七首·其四》：

青海长云暗雪山，孤城遥望玉门关。

黄沙百战穿金甲，不破楼兰终不还。

他的诗中，有千载历史的缥缈烟云和雄浑苍茫的意境，比如《出塞二首·其一》：

秦时明月汉时关，万里长征人未还。

但使龙城飞将在，不教胡马度阴山。

他的诗中，也有思亲的征人和念远的思妇，比如《从军行七首·其二》：

> 琵琶起舞换新声，总是关山旧别情。
> 撩乱边愁听不尽，高高秋月照长城。

在他笔下，西北漫长的边境仿佛活了过来。

乌云弥漫，狼烟四起，战事愈加胶着。可哪怕身上的金甲磨穿，哪怕黄沙将视线遮掩，刀光剑影中，将士们亦不曾后退半步。他们立下铮铮誓言："不破楼兰终不还！"那声音铿锵有力，穿越千古，言犹在耳。

当然，战争毕竟是残酷的，这旷日持久的戍边、征战，带来了无数的别离和死亡，建功的热望里，也多了一丝凄婉的相思。无论琵琶新曲怎样美妙动听，关山离别之情仍是沉重难遣，弹的人弹不尽，听的人亦听不尽，春风会把曲声吹到玉门关外，让征夫游子听见吗？

2.怀才怨不遇

人人都欲在边塞立功，但战争从来残酷，能真正在战场上做出一番功绩者，是少之又少。王昌龄很不幸，漫游边塞近三年，虽留下不少传世名作，功名却是无望。

"早知行路难，悔不理章句。"于是，他掉头读书应考，求取功名。

727年，王昌龄进士及第，却仅仅被授予了一个秘书省校书郎的职位，人微言亦轻。他心有不甘，四年后又参加了博学鸿词科考试，并成为魁首，可得到的仍是一个氾水尉的小官职。

当时朝廷上有李林甫、杨国忠专权，王昌龄因所谓的"不护细行"，屡遭贬谪，命途多舛。其实哪里是他行为不检点，不过是沦为政斗的牺牲品罢了。

王昌龄自然不甘，他自少年时便心高气傲，自谓"天生贤才，必有圣代用之"，谁知仕途竟如此坎坷，落得个"才比天高，命比纸薄"的境地。

他满腹的惆怅和怀才不遇的抑郁交织在一起，终于化作了一首首凄婉的宫怨诗。

其一
金井梧桐秋叶黄，珠帘不卷夜来霜。
熏笼玉枕无颜色，卧听南宫清漏长。

其五
长信宫中秋月明，昭阳殿下捣衣声。
白露堂中细草迹，红罗帐里不胜情。

梧桐叶落，清霜飞泻，秋夜里，那些被禁锢在幽深宫掖的女子，辗转难眠，唯有那夜漏、捣衣声相伴。

红颜转瞬老，她们不由得羡慕起那寒鸦，至少它们还能在晨光日影里自在翻飞，出入昭阳殿，一睹君王容颜，而不似她们这般老死宫廷。

《长信秋词》共五首，均是借汉代宫廷故事，寄托诗人的自我之怨。

这哪里是在写宫中女子，分明是在写自己！红颜易老，花期有限，他的青年时光同样匆匆而逝，却不曾得到任何机会。

都说帝王无情，嫔妃众多，致使她们青春虚度，在寂寞的宫苑里日日年年。

她们的痴情守望，终遭遗弃，博不来任何怜爱，文人墨客又何尝不是如此？他将毕生所学献给帝王，帝王却不屑一顾，不曾留意，他与那些深宫女子境遇相似，同样悲哀啊。

3. 知交满天下

王昌龄一生乐朋好友，结交广泛，尤其是入仕后，与长安的许多著名诗人均有交往，如李白、高适、岑参、王之涣、孟浩然、王维等，他们常常在一起饮酒作诗。

在王昌龄现存的一百八十多首诗歌中，赠答送别诗占近五十余首，而这些诗作，则大多写于贬谪途中。

当时政斗激烈，张九龄等与李林甫一方激烈争夺，而王昌龄始终立场鲜明地支持张九龄。后来张九龄罢相，王昌龄的官运也急转直下，先是被贬到岭南，幸好第二年就遇赦北还；接着被贬到江宁八年；之后又在龙标八年。

仕途的失意给王昌龄带来了莫大的忧伤，与友人交游、赠答，便成了他抒发情绪的出口。

《送柴侍御》里，他吟咏友情的真挚：

沅水通波接武冈，送君不觉有离伤。
青山一道同云雨，明月何曾是两乡。

《武陵田太守席送司马卢溪》里，他抒发自己的满腔冤屈，似乎连青山绿水都代为不平：

诸侯分楚郡，饮饯五溪春。
山水清晖远，俱怜一逐臣。

《芙蓉楼送辛渐二首·其二》里，他自述高尚的人格，有如那天上的一轮皎月般玉洁冰清：

丹阳城南秋海阴，丹阳城北楚云深。
高楼送客不能醉，寂寂寒江明月心。

《别刘谞》里，他透露着有朝一日必能回归朝堂的信念与期盼：

天地寒更雨，苍茫楚城阴。

一尊广陵酒，十载衡阳心。

倚仗不可料，悲欢岂易寻。

相逢成远别，后会何如今。

身在江海上，云连京国深。

行当务功业，策马何骎骎。

哪怕诗人屡遭贬谪，蒙冤受难，他"行当务功业"的人生理想，却从不曾死去。他待朝廷、国家的一腔赤诚与忠贞，永不磨灭。

756 年，此时的大唐王朝早已光华尽失，被一场名为"安史"的劫乱带入深渊，而王昌龄也近六十岁了，须发斑白，他再也跨不上马背，拿不起弓刀了。

他突然迫切地想归家了，在生命的最后时刻，他想回到故乡的怀抱里。于是，就在这一年，他离开了龙标，一路过辰溪，经武陵，沿江东去。

在路经亳州时，他被亳州刺史闾丘晓杀害，生命永远停滞在了那里。

一个年迈的书生，与一个武将，本身并没有怨仇与交集，为什么，王昌龄会有这样的不幸？许多人为此感到悲哀、不解、惋惜。

《唐才子传》中这样记述，"以刀火之际归乡里，为刺史闾丘晓所忌而杀"。

　　一个"忌"字，便让一位老人归乡的愿望破灭；一个"忌"字，便让一位伟大的诗人惨然离开人世。

　　那些未写完的诗篇，那些未实现的梦想，那些未说尽的话语，从此只余寂寂。但我们不曾忘记，但历史永远铭记——

　　一千二百多年前，寂寂寒江，明月尚悬，一位诗人的背影挺立天地……

李贺：有情天亦老，偏怜诗鬼才

　　河南福昌昌谷，这里依山傍水，景致十分宜人。

　　在蓝天碧野间，常常有一个书生出没，他骑着毛驴，带着小书童，背着破旧的锦囊，四处晃晃悠悠，看起来就像游客。

　　但这位游客很古怪，时而念念有词，时而魂不守舍，而且格外宝贵那个破锦囊。终于，他惹来了山贼的惦记，对方截下他的驴，抢了他的锦囊，转头就跑。

　　谁也没想到，这位手无缚鸡之力的书生竟然怒了，夺过自己的锦囊，说什么也不肯撒手，大有要财不要命的架势。山贼既惊讶又欢喜：这岂不是说明锦囊里确实有大宝贝？

　　争夺之中，锦囊被拉开了。霎时间，一片片纸条飞落在地，每片都写了字，但也只有字，一文钱也没有。

山贼愣住了，大骂书生是傻子，头也不回地走了。谁会稀罕诗文呢？

这个便是"锦囊佳句"的故事，而故事的主人公正是中晚唐诗人——李贺。

据说李贺常常早出晚归，出游觅诗，每想到一个好的句子，就写在一张纸条上，投入锦囊中。等到夕阳西下的时候，他便扛着一个大袋子，满载而归。

到了夜晚，人人都在休息，他却伏在油灯下，一句一句整理白天的成果。他的母亲看到了，总是心疼地说："儿呀，你这是要把心呕出来才罢休吗？"

"呕心"诗人、"苦吟"诗人，从此便成了李贺的代名词。

1. 伯乐识良才

806年，韩愈奉召回长安，担任国子博士。

此时的韩愈，职位虽低，但在文坛却地位斐然，被誉为"文章巨公"，身旁是一大批杰出文人组成的"韩门弟子"。

唐代有"行卷"的习尚，也称"干谒"，就是应试者会在考试前，将自己的诗文呈给有名望的人来看，希望借此得到赏识，扬名立万。

807年，再有一个多月便是秋试开考，韩愈的府邸上，上门投卷者络绎不绝，而惜才爱才的韩愈则来者不拒，对投卷者的诗文总是认真阅读。

这是一个闷热的午后，韩愈正靠在床榻边小憩。这时，有门人来报，说昌谷李贺来拜，并呈上了他的诗文。

韩愈脑中还有些迷糊，随手翻开了李贺的诗稿，只见第一篇题为《雁门太守行》，一行字突跳入他的眼帘：

黑云压城城欲摧，甲光向日金鳞开。

韩愈不禁为之一震，一身疲惫顿时消散，口中喃喃道："好，好呀，开篇便已是高潮，兵临城下，箭在弦上。"

他迫不及待地继续往下读：

角声满天秋色里，塞上燕脂凝夜紫。
半卷红旗临易水，霜重鼓寒声不起。
报君黄金台上意，提携玉龙为君死。

韩愈耳边仿佛听到了角声阵阵，兵戈声声，北方将士们发出慷慨激昂的怒吼——誓守吾城，虽死不悔！

他再不迟疑，立即着门人将李贺请进屋中。从此，李贺便受到韩愈的大力推崇，两人更是亦师亦友，情谊深重。

可就在李贺跃跃欲试，准备在秋闱中一举得中时，突然收到了来自昌谷家乡的噩耗——父亲去世了。他只得怀着悲痛的心情，回家守孝三年，尽自己为人子的责任。

其间，韩愈参与组织河南府试，在他多次写信劝告下，李贺参加了河南府试。

在这次府试中，共有二十多个县的学子参加，可谓群英荟萃，但谁也没有盖过李贺的风采。

当时，州府试的试题要求写五言律诗十二句，只要符合题意即可，比较僵化，应试者也多半循规蹈矩，无甚新意。而李贺却是凭着自己出众的才华，写就了组诗《河南府试十二月乐词并闰月》，独出心裁地从正月写到十二月，再加上闰月。

这十三首诗，在体裁上，从三言、五言写到七言，句式长短不一而富于变化；在内容上，更是从春日的梨花、盛夏的老井，写到秋夜的天街、严冬的飞雪。

毫不意外地，李贺被推选为"应进上第"，才名远扬。

当时的李贺，信心十足，他想，长安是这样好的一座城市，他所有的梦想都将在这里实现。

2. 科举梦成空

终于到了领取解状的时候了。

解状，其实就相当于如今的准考证，有了这份证件，才能入场参加考试。

一大早，天色还暗着，长安贡院前就已聚集了大批人。他们都是新中的举子，个个脸色皆喜气盈盈，同身旁亲友有说有笑。李贺立在一旁，面容沉静，内心也同样激动。

天色渐渐亮起来，府衙在门口设了一张桌案，有两个胥吏正按着秋榜上举人的名字，一个接一个点着。

被唤到名字的举子便进入大堂内，经确认是本人后，方能拿到解状，并换上标志着举人身份的麻衣。待出来时，等在外面的人们，便投去羡慕的目光。

时间一刻一刻过去了，眼看场上的举人已不多了，李贺的名字却仍然没有被叫到。他原本镇定的面容，终于变了色，陪着的书童早已耐不住了，在李贺的阻拦下，才没有前去询问。

又过了半晌，贡院外，终于只剩下这一对主仆了。这时，一个胥吏站在台阶上，冲着门外喊道："昌谷李贺何在？"

李贺连忙答道："我就是。"

胥吏冷冷道："昌谷李贺，你的举人资格被取消了，贡院不能发给你解状，你回去吧！"

李贺有片刻怔忪，等他反应过来时，登时问道："为什么？"

胥吏冷淡地答道："为什么？这就要问问你自己了。有人举报，你父亲名李晋肃，'晋'与进士的'进'同音，按规定，你得避讳，不能参加进士考试。"

李贺再不言语，颓然低下了头，踉跄地向前走着，家童紧紧在旁护着。在他身后，是紧闭的贡院大门，也是对李贺永远关闭的仕途之门。

天空突然下起了雨，深秋的雨，打在他的发丝上、脸颊上，一路寒彻了心扉。

> 雪下桂花稀，啼乌被弹归。
> 关水乘驴影，秦风帽带垂。
> 入乡试万里，无印自堪悲。
> 卿卿忍相问，镜中双泪婆。

这首《出城》写尽了李贺当日的失意。

雪花纷纷扬扬，大雪覆压下，桂花显得稀稀落落；一只被弹丸击伤的乌鸦，耷拉着翅膀在空中艰难地飞着。而他骑着一只瘦驴，孤单的身影倒映在清清的水中，帽带低垂，好似也忍受不住这凛冽的朔风，微微地颤抖着。

唉！李贺忽然轻轻地叹了口气，想着：我李贺信心满满而来，失意落寞而回。家人们都盼着我高中，我却只有两手空空。待到见面，妻子看着我这副模样，定会是想问又不忍问，最后也只是对着镜子暗暗垂泪了。

说来荒谬，但事实如此，李贺的仕途之路断了，只因时人注重避讳，既然他的父亲名"晋"，那他这一生都不能中进士。否则人家称呼他"李进士"，与父亲的名讳重了，岂不是大大的不孝？

难道为了这样可笑的理由，浪费了满身才华，就是孝顺吗？没有人能给李贺答案，大家只能叹息地劝一句：这就是命。

李贺不想认命，连韩愈也不忍心，特意写了篇文章为他说话：为什么要为了所谓的避讳，让一个大好才子与仕途绝缘？

也有人声援他们，但这些声音太小，撼不动千百年封建秩序的掌控。

3. 至死心未朽

在韩愈等人的推荐下，811年，李贺又返长安，这次，他不再走科举之路，而是在宗人的引荐下，被任命为奉礼郎。

奉礼郎，是一个从九品的小官，主要是在朝会和祭祀的时候负责座次、安排祭品和主持礼拜，不但卑微如奴仆，且劳顿枯燥，无论风雪，都要照常值班。

李贺苦闷、郁郁至极，在《赠陈商》中他这样写道："长安有男儿，二十心已朽""天眼何时开，古剑庸一吼"。

他说自己心已灰、意已冷，其实不然。倘若真的麻木了，就不会有诸多痛苦和挣扎。

他并没有认命，他依然还有热情。

在"牢落长安"三年后，李贺托病，辞官归家，决意另寻出路。

茂陵刘郎秋风客，夜闻马嘶晓无迹。

画栏桂树悬秋香，三十六宫土花碧。

魏官牵车指千里，东关酸风射眸子。

空将汉月出宫门，忆君清泪如铅水。

衰兰送客咸阳道，天若有情天亦老。

携盘独出月荒凉，渭城已远波声小。

这首脍炙人口的《金铜仙人辞汉歌》就写于此时。此后，他取道潞州，在友人张彻的荐举下，做了三年幕僚，可惜迟迟得不到重用。

他的身体越来越差了，明明才二十多岁，鬓间却已添了许多白发。

现实生活的苦闷、才华不得施展的压抑、建功立业的渴望，交织在一起，沉甸甸地压在他的心头，如同平静河水下的暗涌，一次次撞击出诗的灵感和浪花。

在晚唐漫漫的长夜里，他独自守着窗前，望着天，头发斑白了，脸色憔悴了，身体羸弱了，眼睛里却冒着光，脑海里飞舞着各色幻想，瑰丽而浪漫。

天河夜转漂回星，银浦流云学水声。

玉宫桂树花未落，仙妾采香垂珮缨。

秦妃卷帘北窗晓，窗前植桐青凤小。

王子吹笙鹅管长，呼龙耕烟种瑶草。

粉霞红绶藕丝裙，青洲步拾兰苕春。

东指羲和能走马，海尘新生石山下。

在《天上谣》中，他想象绮丽的天上世界，温馨、和谐、美好而永恒，没有世俗的倾轧与杀戮，没有人世的痛苦与悲伤，人人都心满意足，人人都快快乐乐。

桐风惊心壮士苦，衰灯络纬啼寒素。
谁看青简一编书，不遣花虫粉空蠹。
思牵今夜肠应直，雨冷香魂吊书客。
秋坟鬼唱鲍家诗，恨血千年土中碧。

在《秋来》中，他畅想黄泉下的景象，伴随着秋夜里的一盏孤灯，诗人的心为无人赏识而暗暗凄苦，发出长长的叹息：我所写下的这些呕心沥血的诗篇，究竟又会有谁来赏玩而不致让蠹虫白白蛀蚀成粉末呢？

他在人世间找不到知音，便只能在幽冥的世界中寻求安慰。冷雨敲窗，淅淅沥沥，他仿佛看到一位古代诗人的香魂来慰问他这位书客了，又仿佛听到秋坟中的鬼魂，在唱着鲍照当年抒发长恨的诗。

飞光飞光，劝尔一杯酒。
吾不识青天高，黄地厚，唯见月寒日暖，来煎人寿。
食熊则肥，食蛙则瘦。

神君何在？太一安有？

天东有若木，下置衔烛龙。

吾将斩龙足，嚼龙肉，使之朝不得回，夜不得伏。

自然老者不死，少者不哭。

何为服黄金、吞白玉？

谁似任公子，云中骑碧驴？

刘彻茂陵多滞骨，嬴政梓棺费鲍鱼。

在《苦昼短》里，他感叹时间无可抵挡地流逝，生命无可避免地消亡。他想做斩龙的少年，斩断神龙的足，咀嚼神龙的肉，让它白天不能巡回，夜晚不能潜伏，从此老者永不再死，少年永不哀苦。

纵观李贺的所有诗歌，始终弥漫着死亡的氛围，充斥着鬼神、坟墓、鲜血，幽僻而冷艳。

许多人由此认为他心冷意冷，可是，在这些表面的颓废、悲观之下，深藏着的却恰恰是诗人对生命与生活的强烈不舍、欲求与留恋。

那一位斩龙的少年啊，他曾那样热烈地爱着这个人间！

柳宗元：千万孤独里，寂寞山水心

说到大唐最有名的兄弟情，除了元白，你还能想到谁？

那必然是"柳刘"组合。

他们一个才华横溢，一个满腹诗书；他们同年中举，同在御史台做过官，又同时被贬；他们在性格、爱好和诗歌创作方面都如出一辙。他们是连韩愈都拆不散的好兄弟。

这"刘"是指刘禹锡，这"柳"自然就是柳宗元。

没有他们，中晚唐的诗坛恐怕要失色不少。

1. 永贞革新者

805年，长安古道上，车马萧萧。

一辆朴质无华的马车上，一名车夫正用力甩着鞭子，不时发出"驾——""驾——"的声响。

车厢内坐着一位年岁颇大、面容和蔼的老妇人，妇人身旁是名三十多岁的男子，形容瘦削，脸上十分憔悴。

男子一直沉默不语，只掀开窗帘看着马车外的风景。

又行了一段路，马车忽然缓缓停了下来，车夫向着车厢内轻轻叫了一声："老爷，前面便出长安城了。"

男子的手似乎轻轻抖动了一下，他喃喃道："是吗？这一出长安，就不知什么时候才能回来了！"

他又深深地望了一眼窗外：长安的占道，长安的落叶……终于，他长长叹了一口气，对车夫道："走吧！"

车夫一挥鞭子，马儿轻快地跑了起来，踏得地上的落叶纷纷扬起。

长安，越来越远，远到，这一去，就是十年。

人的一生，有多少个十年可以等待，柳宗元也不知晓。他只知道：他并没有做错什么，他不后悔！

柳宗元的一生，是以三十三岁作为分界线的。三十三岁以前，他是少年才俊，踔厉风发：二十一岁就高中进士；二十六岁，又通过博学鸿词科考试；到三十三岁时，已官至礼部员外郎。

相比同时代的其他诗人，柳宗元的仕途可谓一路顺畅，毕竟孟郊四十六岁才考中进士，连韩愈都是三考进士、三考博学鸿词科。然而，这种幸运只维持到805年，从这一年开始，他的人生急转直下。

柳宗元怀揣着改革时弊、匡救朝政的雄心壮志，连同刘禹锡等人发起了声势浩大的"永贞革新"。然而，宦官专权和藩镇割据早已将王朝掏空，积重难返，这场改革在勉力推行四个月后，随着唐宪宗的即位，拉下了帷幕。

永贞革新的反对者们一时全面复辟，甚嚣尘上，在他们的危言蛊惑和刻意针对下，柳宗元和同伴们受尽了嘲讽、诬陷与打压。

这种苦楚是如此深重，以至于多年以后，柳宗元还在《笼鹰词》中写到那时的心境：

凄风淅沥飞严霜，苍鹰上击翻曙光。
云披雾裂虹霓断，霹雳掣电捎平冈。
砉然劲翮剪荆棘，下攫狐兔腾苍茫。
爪毛吻血百鸟逝，独立四顾时激昂。
炎风溽暑忽然至，羽翼脱落自摧藏。
草中狸鼠足为患，一夕十顾惊且伤。
但愿清商复为假，拔去万累云间翔。

诗人把自己比作苍鹰，在萧瑟的秋光里，苍鹰曾遨游云天之上，披荆斩棘，所到之处，百鸟纷纷躲藏，何等荣光快意。

不料，湿热的夏天骤然而至，苍鹰的羽毛尽数脱落，元气大伤。草丛中的狸鼠居然也敢乘人之危，一夜之间挑衅不断，令人无法安寝。

苍鹰只盼望着清秋快快到来，可以挣脱重重枷锁负累，再次展翅，直上九霄。

2. 寂寞山林心

这一年的岁末，柳宗元终于携着六十七岁的母亲，跋山涉水来到了贬谪地——永州零陵。这里位于湖南和广西交界处，十分荒凉。

就在这时候，朝廷宣布大赦天下。所谓大赦，便是犯有死罪的，可免除死刑；犯有重罪的，可从轻发落。柳宗元满心以为自己也可得到朝廷的从轻处理，可迎来的却是一纸诏书："纵逢恩赦，不在量移之限。"

这意味着，柳宗元这些人，纵然遇上天下大赦，也是在大赦之外。不仅是这次，便是以后，都绝无可能得到赦免的机会。

屋漏偏逢连夜雨，这时，一直默默陪在他身侧的母亲病倒了。她本就年纪大了，承受不住一路的车马颠簸，加上永州气候潮湿炎热，又缺医少药，病情得不到及时救治，很快就离开了人世。

痛不欲生之际，柳宗元也曾无数次问自己：我们真的做错了吗？明明是为了天下苍生，为了王朝伟业，为什么在当权者眼中，我们仿佛犯了比死还要严重的罪名？

被贬的愤懑屈辱、亲人的离世、独居异乡的种种不适，让柳宗元一度精神郁郁，满腹牢骚无从倾诉。

山水，成了他排遣孤独的最好出口。

在这里，他写下了脍炙人口的名篇——《永州八记》，这是诗人记述自己游览山水的八篇游记。足迹所到之处，往往流泻于笔端，因而情感尤其真挚。

其中《小石潭记》更是我们中学课本里的名篇：

从小丘西行百二十步，隔篁竹，闻水声，如鸣佩环，心乐之。伐竹取道，下见小潭，水尤清洌。全石以为底，近岸，卷石底以出，为坻，为屿，为嵁，为岩。青树翠蔓，蒙络摇缀，参差披拂。

潭中鱼可百许头，皆若空游无所依，日光下澈，影布石上。怡然不动，俶尔远逝，往来翕忽，似与游者相乐。

潭西南而望，斗折蛇行，明灭可见。其岸势犬牙差互，不可知其源。

坐潭上，四面竹树环合，寂寥无人，凄神寒骨，悄怆幽邃。以其境过清，不可久居，乃记之而去。

同游者：吴武陵，龚古，余弟宗玄。隶而从者，崔氏二小生：曰恕己，曰奉壹。

诗人本是为了排遣心中苦闷，才出门访幽探胜，却偶然发现了小石潭，不免"心乐之"。

他饶有趣味地观察着小石潭，嶙峋奇状，游鱼嬉戏，真是景色如画。但渐渐地，他觉出静寂来了，这里实在太安静了，"四面竹树环合，寂寥无人"。

面对这种原始的悄怆之景，诗人心中长久压抑着的凄凉终于喷薄而出，他轻叹着发出"不可久居"的感慨，然后起身离开。

哪怕这里风景再美，却也只能作片刻赏玩，没有人会在这里长久居住。因为从山林中得到的快乐毕竟短暂，暂得一笑后，随之而来的是百忧攻心。此地此景，如何能久留呢？只怕这份孤清寂寞，更蚀人心，更何况他本就郁郁寡欢。

这种"忧中有乐，乐中有忧"的心态，在柳宗元的笔下无处不在。他走遍永州山山水水，却没有一刻是真正开怀的，这也使得他的山水名篇，都染上了一层浓郁的凄清悲凉的色彩。

《江雪》便是在这样的基调下，横空出世的。

千山鸟飞绝，万径人踪灭。
孤舟蓑笠翁，独钓寒江雪。

莽莽群山，飞鸟绝迹；杳杳万径，人踪俱灭。

前两句无一字写雪，实际上却字字如雪，寒意袭人。在这样粉妆素裹、周天寒彻的世界里，有孤舟一叶，有蓑笠老翁一人，于寒江之上，轻甩钓钩。

诗人仅仅是在写寒冷的天气吗？不，诗人写的也是自己坎坷的仕途，写这遍布寒霜、冷意逼人的世界。

诗人仅仅是在写垂钓的孤独老者吗？不，诗人写的也是自己，写那个宁愿忍受千万孤独，也不愿与世俗同流合污的自己。

千万孤独里，寂寞山水心，哪怕没有同行者，也绝不和世俗苟且。

3. 千古柳州名

815年，在贬居永州十年后，柳宗元终于迎来了政治上的转机，朝廷下诏召他还京了。

柳宗元忧喜交集，他等这一天已等得太久，可是内心里又暗暗担忧：前方真的是锦绣前程吗？会不会有更大的坎坷？

在一个月的长途跋涉后，他终于回到了魂牵梦萦的长安，与他一同被召还的，还有刘禹锡。

回到故都，景物骤变，人事也全改。当时的宰相韦贯之很同情他们的遭遇，打算安排他们在朝廷任职。可是，他们的政敌却极力反对，唯恐他们会伺机报复，威胁到自己的权势，于是想尽办法排挤、打压两人。

恰巧又在这时，刘禹锡写下了那首《元和十年自朗州至京戏赠看花诸君子》，诗中的讽刺和不满仿佛一根导火线，直接点燃了双方的战争。

你不是嘲笑我小人得志吗？那我就让你们看看小人的做派，你们休想在朝堂立足！

柳宗元和刘禹锡再次被贬。

这次，柳宗元被贬为柳州刺史。柳州比永州更远，在唐代，几乎是一片蛮荒，树木参天，毒蛇猛兽肆虐。由于土地荒凉，人口稀少，社会也暴动不断，很不安宁。

最初来到这里的柳宗元，情绪很是低落，满心都是去国怀乡的凄凉，在许多诗作中都有倾吐。但是，当他看到当地百姓的种种贫困、迷信和苦难时，又油然而生一股责任和使命。

他自己的身世之悲仿佛再不足道，他决心践行自己作为地方官的责任，用手中有限的权力，为百姓做一些益事。

哪怕条件再恶劣，柳宗元都不曾忘记自己"无忘生人之患"的诺言，他曾说："是岂不足为政耶？"难道在这样恶劣的条件下，就不能在政治上有所作为吗？

在柳州做刺史的短短四年里，他废除了奴俗，解放奴婢；他引导百姓发展农林生产，利用闲暇时间，栽种中草药，收集药方，总结出《治霍乱盐汤方》《治疗疮方》等，向百姓们推广；他还广泛兴办学堂，教化愚民。

这期间，柳宗元的文学创作也达到高峰。他一生留下六百多篇诗文，从诗词骚赋到山水游记、寓言、传记，包罗宏富，有《河东先生集》留世，并为"唐宋八大家"之一，其中不少就是这一时期所作。

819年，在长久的心力交瘁下，柳宗元终于不堪重负，一病而逝。

柳州的人民悲痛不已，他们在罗池为柳宗元建庙，奉他为罗池之神，还为他修建了衣冠墓，表达自己的深切怀念。

在如今的柳州，依然保留着很多关于柳宗元的传说和遗迹，当地人没有遗忘他，历史也没有遗忘他。

《左传》里说，人生有三不朽：太上有立德，其次有立功，其次有立言。柳宗元一生，虽然历经贬谪，宦海沉浮，却始终在努力立德、立功、立言。

人之有生也，如太仓之粒，如灼目之电光，如悬崖之朽木，如逝海之微波。能够在这样短暂的辰光里，留下些许自己的痕迹，人生也便不算白活一遭了吧！

贾岛：两句三年得，苦吟皆心血

松下问童子，言师采药去。

只在此山中，云深不知处。

许多人知道贾岛，或许都是因着小学课本上的这首《寻隐者不遇》。诗虽简单，意味却无穷，确实是贾岛的代表佳作。

在唐朝群星闪耀的诗坛上，贾岛的名气并不大，但他却凭借着自己对诗歌的虔诚，以极端"苦吟"的创作态度，以奇涩精辟的五言律体，以清寒幽僻的艺术风格，影响了后世几十代诗人的创作。

闻一多甚至有言："贾岛毕竟不单是晚唐五代的贾岛，而是唐以后各时代共同的贾岛。"

1. 僧敲月下门

一个皎洁的月夜，贾岛去长安郊外，拜访友人李凝。

友人的居处十分幽僻，荒草丛生，少有邻人。鸟儿栖息在池边的大树下，随着贾岛轻轻地叩击门扉，发出扑棱棱的鼓翅声。

与友人畅谈后，贾岛走出门外，走过一座小桥。夜色越发深沉，晚风轻拂，白云翩飞，他为这样的景致深深沉醉，心里暗暗思量着：我只是暂时离开此地，不久我就会归来，到时我将与友人一同归隐，绝不失约。

次日，贾岛骑着自己瘦弱的毛驴，踏上了回长安的路程。

一路之上，昨夜难忘的景致重又浮上他的脑海。他一边无意识地敲着驴背，一边低低念道：

闲居少邻并，草径入荒园。

鸟宿池边树，僧推月下门。

过桥分野色，移石动云根。

暂去还来此，幽期不负言。

"鸟宿池边树，僧推月下门"，他又重复念了几遍，忽然犹疑起来：是"僧推月下门"还是"僧敲月下门"呢？

是"推"好还是"敲"好呢？他为这一字之差苦恼纠结起来，完全没意识到毛驴早已载着自己迈入热闹的长安街道。

毛驴前方的百姓忽然都散开到了两侧，一顶轿子在一列仪仗队的簇拥下迎面而来。贾岛此时却全然不觉，他整个身心都投入到了"推敲"之中，直到一个卫士装扮的人，用力将他从毛驴上拉下来，他才反应过来，自己似乎冲撞了什么大人物。

他下意识地跪了下来，向轿子望去，一个气度不凡的中年男子正从软轿中走出，正是时任京兆尹的韩愈。

韩愈皱着眉头问："你是何人？为何乱闯仪仗队？"

贾岛道："小人贾岛，并非有意冲撞大人，只是心中为一句诗的用字纠结不已，始终拿不定主意，这才意识恍惚，闯进了仪仗队中。"

韩愈眉头微微舒展，笑着道："既如此，你且把那句诗念给我听听，我也好为你揣度一二。"

贾岛于是把自己"推敲"的纠结尽数托出，切切地望着韩愈。韩愈的文名，贾岛是知晓的，能够得到他的指点，贾岛欣喜不已。

只见韩愈沉思半晌，终于开口道：

"'敲'字好些，你想呀，'敲'门必定有声，月夜宁静，门响有声，一动一静，以动衬静，岂不绝妙！"

贾岛连连点头，心中也以为绝佳。

2. 病蝉声声嘶

因着"推敲"一事，贾岛与韩愈从此成为挚友。

韩愈对贾岛的才华十分欣赏，对其虔诚作诗的态度更是敬佩不已，曾经在《赠贾岛》中说：

> 孟郊死葬北邙山，从此风云得暂闲。
> 天恐文章浑断绝，更生贾岛著人间。

他将贾岛看作诗人孟郊再世，这既是对贾岛的褒扬，同时亦可看出孟郊和贾岛二人身世境遇的颇多相似之处。

孟郊幼年失怙，晚年丧子，一生贫病交加。而贾岛同样出身清寒，在三十岁出家为僧前，他曾多次参加科举，却均以落榜告终。

他曾在《下第》中写道：

> 下第只空囊，如何住帝乡！
> 杏园啼百舌，谁醉在花傍？
> 泪落故山远，病来春草长。
> 知音逢岂易，孤棹负三湘。

自隋初创以来的科举考试，在为王朝选拔了一大批英才的同时，也成为时代兴衰的见证。到了中唐，时易世变，王朝恢宏气度不再，清明之风也荡然无存，科举便成了若干官员收受贿赂、谋取私利的工具，而真正的有才之士却无路可走。

在这样的背景下，贾岛走入了长安。纵使有才华，又能如何呢？身前的一点萤火，如何照亮遍野的黑暗？病蝉的一声嘶鸣，如何叫彻亘古的沉寂？

病蝉飞不得，向我掌中行。

拆翼犹能薄，酸吟尚极清。

露华凝在腹，尘点误侵睛。

黄雀并鸢鸟，俱怀害尔情。

在《病蝉》里，诗人以病蝉自喻，病蝉欲飞不得，便有如自己连年奔波仕途，却不能得中一第。

诗人悲怆地告诫蝉儿，也是告诫自己："你看呢，那些黄雀与鸢鸟，都把你当成盘中餐，你的命运真是危机四伏、凄苦难言呐！"

3. 谁解其中味

虽然位卑，贾岛却依然怀有一份报国之心。

当时的宰相裴度生活奢侈，为了修建自己的府邸，驱逐数家贫民，引得民众愤怒不已，而无人敢言。贾岛却在这时发声，写诗《题兴化园亭》讽刺说：

破却千家作一池，不栽桃李种蔷薇。

蔷薇花落秋风起，荆棘满庭君始知。

这首诗已经相当直白了，指责当权者权位不能长久，终有一日，那繁华的府邸会变作荆棘丛生之地，一派荒凉。

因着这首诗，贾岛触怒了当权者。他们借口贾岛的《病蝉》是在讽刺公卿，将他与另外九个举子列为"举场十恶"，逐出了考场。

也许便是在那样的时刻，贾岛遁入了空门。

之所以说"遁"，因着"遁"有逃、藏之意。

他分明是以笔为刀的英雄啊，却落得如此狼狈的姿态。世人似乎也只记得这份狼狈，在他们眼里，贾岛永远和黄昏、秋天、鱼虫这样冷僻的意向相连，贾岛永远是一副苦兮兮的落魄样子，贾岛算不上才子。

是啊，谁会欣赏苦吟呢？一字一词的斟酌、一句一句的推敲，太不洒脱，也太蠢笨。真正的才子，不应该是七步成诗、出口成章吗？

但他们没有去想，偌大个唐朝，能够下笔千言，汪洋恣肆而文不加点，字字皆精、句句都妙者，也不过李白一人。即便是与李白比肩的"诗圣"杜甫，不是也被调侃"借问别来太瘦生，总为从前作诗苦"，不是也感叹"为人性僻耽佳句，语不惊人死不休"吗？

可见所谓"蠢""笨"，实则不过是源于对作诗的痴迷与虔诚，"为伊消得人憔悴，衣带渐宽终不悔"。

佛家将"痴"作"无明"解，认为一切的烦恼都是由于"痴"。但是，痴也有痴的快乐，如果我们也曾深切地爱过什么东西，便该懂得：能有所痴，有所执，是多么幸运的一件事。

　　贾岛诗风凄冷枯寂，更是深受时代、身世的影响，他身处中晚唐这样一个孤舟飘蓬般的时代，所见所闻都是深秋的萧瑟与寒冬的死寂，又如何能强求他发出如李白"天生我材必有用，千金散尽还复来"般的豪言壮语？

　　一个时代必有一个时代的语言，如人饮水，冷暖自知。

　　如果说李白属于盛唐，属于那个万国来朝、气势恢宏、昂扬自信的时代，那么贾岛便属于晚唐，属于孤烟嘶马，属于落日斜阳，属于每一个王朝的末世，属于每一个跌宕时代里凄惶无措的诗人。

　　二句三年得，一吟双泪流。

　　知音如不赏，归卧故山秋。

　　这首《题诗后》是贾岛吟成"独行潭底影，数息树边身"二句后加的注诗，也是他的心声。

　　贾岛一生都在困顿中度过，去世的时候，家中贫无一钱，只余一头病驴，一张旧琴。

　　他是把自己整个的人生，所有的心血都投入到了诗歌中了。

　　据说每到岁末，他就会把自己一年所写的诗稿供奉到几案上，焚香敬拜道："这是我一年来的苦心之作啊！"

　　贾岛已逝，那满纸文章传到今天，又有谁能读懂那字斟句酌、呕心沥血里深藏的滋味呢？

唐伯虎：莫作独醒人，花间觅此生

提到唐伯虎，你能想到什么？

是唐伯虎点秋香的香艳？是周星驰白面俊俏的脸？是"桃花庵里桃花仙"的诗？还是江南四大才子的风流？

的确，在众多电影、电视剧中，我们看到的唐伯虎，都是一个风流潇洒、妻妾成群的才子形象。他活得洒脱而快意，将我们带回那个遥远的明朝，举手投足间都是书生意气。

这让看过的观众既欣赏又羡慕，甚至在心中赞叹："风流才子当如是也。"

但在真实的历史上，唐伯虎却活得痛苦而潦倒。

1. 天妒少英才

1470年3月6日，江南苏州府吴县的一户唐姓人家中，诞生了一个男孩。那年是庚寅虎年，家里人便给他取名唐寅，取字伯虎。

唐家祖辈曾入朝为官，任兵部车驾主事，后在土木堡之役中身死，其子孙散布在了苏州吴县白下、桥里间一代，唐寅的父亲便是其一。

唐家在吴县经营一家酒馆，家境虽远不比从前显赫，但也算得上是小富之户。

良好的家境与长子的身份，让父母对唐伯虎宠爱备至。当唐寅开始读书时，他们发现这个孩子不但天资聪颖，而且记忆超群，过目成诵，读书速度奇快，"每夜尽一卷"。

唐父大喜，不惜花重金请来名家，教其读书学义，授其琴棋书画。

卓绝的天赋加上悉心的培养，让"伤仲永"的悲剧没有发生在唐伯虎的身上，他让旁人看到了天才年少时该是什么样子的。

后世记载，唐伯虎少年时便已闻名乡县：十四岁为吴门画派创始人沈周所赏识，收入门下，数年后作画之才便青出于蓝；十六岁以第一名补苏州府府学附生，考上了秀才。《唐子畏墓志铭》中载："童髫中科第一，四海惊称之。"

少年得志难免轻狂，成名之后的唐伯虎结交了祝枝山、文征明、张灵等数位意气相投的好友，常常与他们喝酒寻欢，流连酒肆歌坊，潇洒不羁却也放浪形骸。

为避免儿子玩物丧志，唐父决定为其安排婚事。此时，唐伯虎风流才子的名声早已闻名乡里，说媒者不计其数。最终，时年十九岁的唐伯虎，与同县家风甚严的儒士徐廷瑞之女徐氏结为夫妇。

未及弱冠，便已成家，唐父只希望他此后能收心进学，最终考取功名。但不知是前半生的天才用尽了唐伯虎的好运，还是世事无常，尚未来得及实现父亲心愿的唐伯虎，人生突然不再顺遂。

1494年，唐伯虎二十五岁。这一年，他的父亲唐广德因病去世，母亲积郁成疾，不久也撒手人寰。此后一年，他的妹妹又病逝，妻子也因为难产，与腹中的胎儿一同痛苦地死去。

原本要迎接为人父喜悦的唐伯虎，转眼就变成了孤寡之人，一年里接连与父母、小妹、妻儿等至亲告别。

没有人知道，这位少年得志的才子是怎样熬过这么多悲痛的，只是在他次年写的《白发》里，人们发现，本应风华正茂的唐伯虎，原来已有了白发。

清朝揽明镜，元首有华丝。

怆然百感兴，雨泣忽成悲。

忧思固逾度，荣卫岂及衰？

夭寿不疑天，功名须壮时。

凉风中夜发，皓月经天驰。

君子重言行，努力以自私。

2. 离奇舞弊案

失去了数位至亲的唐伯虎，家境也无可避免地走向了衰落。好友祝枝山劝他潜心读书，以备科举，可彼时的唐伯虎已由从前家庭未满的吴中才子了，沦为了门道中落的孤家寡人。人生变故之痛，家人离世之悲，让他找不到心灵的慰藉与支撑。

1497年，唐伯虎在苏州参加科录考试期间，与好友张灵宿妓喝酒，放浪形骸。当时的提学御史方志十分厌恶这种行径，于是，唐伯虎在录科考试中名落孙山。

好在苏州知府曹凤爱惜人才，再加之文征明之父、恩师沈周、名士吴宽等人纷纷为其求情，提学御史终于网开一面，同意唐伯虎补遗，参加来年乡试。

次年，有所收敛的唐伯虎再次展示了他的大贤，于应天府乡试中获第一，高中解元，乡人因此称其为"唐解元"。

在他中举后作的诗中，我们仿佛可以看到，覆盖在这位才子身上的阴霾已渐消散，年少的轻狂与豪气重回心中。

彼时的唐伯虎也已续弦，年近而立之年的他，下一个目标将是京城的会试，他周围的人皆对他抱以期望，认为以唐寅之才，那连中三元的壮举将再次发生。

唐伯虎的人生，似乎也将再次走向光明顺遂，可老天却偏偏要妒英才。

1499年的夏天，唐伯虎在进京赶考的路上认识了江阴富商之子徐经，二人意气相投，结伴上京。

但万万没想到，这次考场上，爆发了一场震惊朝野的"科考舞弊案"。在一众考生的答卷里，唐伯虎的答卷不负其才，确实可为第一，然而还有一名考生的答卷同样完美，完美到与唐伯虎的近乎一样。

而写出那份答卷的人，正是徐经。

此事惊动了皇帝明孝宗，他龙颜大怒，下令彻查，于是唐伯虎同徐经、主考官等人均被打入大牢，受刑逼供。

在后来的《明史》里，这件事依然没有定论。没有人知道，到底是徐经贿赂了考官，提前获得试题，让唐伯虎为其做了一份，还是两人真的心意相通，巧合地答出了一模一样的答案。

天下人只知道，这位曾经名动江南的才子与"舞弊案"脱不了干系，而唐伯虎自己则明白，仕途已经无望。

最后，唐伯虎同徐经一起，被判终身不得参考，不得为官，并且被罢黜到浙藩当一小吏。

少年天才的江南才子、唐解元唐伯虎，他的人生在顷刻之间，又跌到了深谷。

3. 退居桃花庵

高傲轻狂的唐伯虎，自是做不来地方小吏的。次年，于牢中放出后，他便返回家乡，拒绝就职，而其续弦之妻见此变故，日渐与之不和，最终他只得休妻。

仕途的无望和命运的变故，让唐伯虎似乎已看透了官场与世事，他不再对建功立业抱有期望，开始寄情山水，纵情饮酒寻欢，流连风月烟花。

不过，放浪不羁是要花钱的，家道已经衰落的唐伯虎只得变卖家产，靠朋友的些许接济，以及卖自己的字画来换取钱财，以维持自己的浪荡生活。

他外出游历闽、浙、赣、湘多地，领略了以往读书生涯里从未见识过的山河之美，然后又回到家乡，建了一座桃花庵，时而写诗作画，时而去饮酒寻欢。

这样的日子在精神上或许是潇洒自由的，但在物质上却绝不快活。有时钱快用完了，画尚未卖出；有时买了酒或去了青楼，回家便只能吃点米粥清汤，甚至饿上一顿。

桃花庵也并非世人想象的世外桃源，只是比草堂之流稍微好点的屋子，没有世外桃源，更没有美人如玉，唐伯虎住在庵里的吃穿用度和衣着家具，都俭朴得与农人无异。这种生活，用今天的话来说，大概就是间歇性地穷困潦倒罢了。

如陶渊明一般的隐士，本身就不富贵，对物质也没什么追求，其隐居生活自然甘之如饴。但像唐伯虎享受过富贵，又享受了盛名，依然有纵情酒色诗画习性的人，那么，当他每一次为了钱财而捉襟见肘、狼狈不堪时，心中想必也难言洒脱畅快吧。

人们说，诗人不幸诗家幸，这话用在唐伯虎身上，也极为合适。

如果说年轻时的唐伯虎是天资绝伦，在书画上的成就还只能达到"工"的地步，那么饱经变故的他便是终有所成，笔下开始有了灵魂，注入了自己的风格。

他画的山水，笔墨细秀，布局疏朗，风格秀逸清俊；画的人物色彩艳丽清雅，体态优美，造型准确；画的花鸟则长于水墨写意，洒脱秀逸。

他的那些仕女图尤其著名，女子常是孤身一人，常有伤春悲秋之感，人们说，这是他注入了自己的情感在里面。

除了画，唐伯虎的书法同样出彩，取法赵孟頫，风格奇峭俊秀，看上去分外风流潇洒；他的诗也写得不俗，既有狂放不羁之情，亦有世态炎凉之感慨，仿佛嬉笑怒骂皆能入笔。

他的磨难仿佛是上天给他的磨砺，在磨砺中，他从浪荡才子蜕变成大家。

4. 笑我太疯癫

1514年，封地在江西一代的宁王朱宸濠谋划造反，他因为一直仰慕唐伯虎的才气，便派人出厚禄请唐伯虎出山，到自己府中做幕僚。

唐伯虎刚开始不知详情，等到了宁王府，知晓了一切，才明白这是大逆不道人头落地的事情。可这时候，他已骑虎难下，毕竟知晓了别人的秘密，对方又怎么会让你说走就走？

为了脱身，唐伯虎不顾自己的才子声名，也不管什么形象荣辱，他脱光了衣服，在街上奔走，状若疯癫。宁王的人看了，都说这个人已经疯了，不再是曾经的江南才子了。1515年，宁王虽无比郁闷，也只能将唐伯虎赶走，任其还乡。

逃过一劫的唐伯虎，放浪形骸之名反而更胜，在封建礼教严苛的明朝，饱受诟病。

此事之后，唐伯虎是再也不做为官入仕之想了。几年后，宁王朱宸濠发动叛乱，不到一月，便被王阳明率兵平定，及早脱身的唐伯虎仍心有余悸。

这次与死神擦身而过，或许是上苍对他最后的眷顾。

1524年，唐伯虎在家乡病逝。他在人生中最后的几年里，仍是过着酒色诗书的日子，仍是常常穷困潦倒。

当他临终前回想此生，不知道是遗憾，还是释然，抑或是像他在《桃花庵歌》里写的那样，只求潇洒恣意便够了？后人再也无法知晓。

金圣叹：不识金圣叹，枉称读书郎

如果不是因为在"哭庙案"中受到牵连被斩首，号称"天下第一不正经人"的金圣叹，应该会长命百岁吧。

关于金圣叹之死，有个流传甚广的故事：临刑前的金圣叹被缚着双手，把刽子手叫到跟前，低声地说："五香豆腐干与花生米同嚼，有火腿味道。"

行刑将至，刽子手递上一碗送行酒，金圣叹仰头畅饮，大呼："割头，痛事也。饮酒，快事也。割头而先饮酒，痛快痛快！"

刀起刀落，人头落地，金圣叹的两耳里一边滚出一个纸团，监斩官捡起展开一看，一张写着"好"，另一张写着"痛"。

这故事初听骇然，细品却也真实，因为金圣叹不是别人，他一生狂放不羁，惊世骇俗。

他是清醒的酒鬼，是玩世不恭的才子，是爱吃狗肉的佛教徒，是精通哲学的神棍，是恶毒的文艺批评家，是视规则如粪土的学者，也是反礼教的孝子慈父。

他属于中国历代文人中有趣、任性又精神分裂的稀有物种。

1. 潇洒戏人间

1608年，伴随着一声啼哭，金圣叹出生在苏州城。

他的离经叛道始自幼年，从学生时代开始，他就与社会的游戏规则互不兼容。

可以说，他是时代的否定者。

他曾三度科举落榜。第一次以《西子来矣》为题，让大家根据越国西施出使吴国这一史实写篇议论文。金圣叹的答案很幼稚："出其东门，西子不来。出其南门，西子不来。出其北门，西子不来。出其西门，西子来乎？"

主考官很有娱乐精神地配合他写批注："美人来矣！秀才丢矣！"

金圣叹自然落榜了。

还有一次，以《孟子》里的《如此则动心否乎》为题，金圣叹在考卷上一口气写了三十九个动字。

后来别人问金圣叹：为什么要写三十九个动？金圣叹答：孟子有名言说"四十不动心"嘛，他只是说四十岁不可以动心，那三十九岁，照样还是可以动心嘛，所以我写了三十九个动字。

如此张狂，恐怕全天下除了金圣叹，也找不到第二个人了。

还有一次乡试，题目是《孟子将朝王》。金圣叹在答卷的四角分别写了一个"吁"字。主考官问起原因，金圣叹解释：都写了很多次孟子了，不用再重复；至于朝王，见梁惠王、梁襄王、齐宣王都差不多，也不必写了；只有"将"字可以写一下。你没看过戏吗？王上朝之前，都有四个内侍在周围喊"吁"，这就是"将"。

主考官当场崩溃。

王应奎在《柳南随笔》中说金圣叹："每遇岁试，或以俚辞入时文，或于卷尾作小诗，讥刺试官。辄被黜，复更名入泮，如是者数矣。"

古代圣贤倡导的是温柔敦厚、仁者爱人，但金圣叹是刻薄刁钻的"毒舌"派；儒家鼓励的是积极入世，但金圣叹是游戏人间的逍遥家，他把一切既定规则当作跨栏道具，每一次跨越都有型有款。

一连三次，金圣叹不好好答题。第四次考试，金圣叹一反常态：这一次，正儿八经地坐在考场里，直接拿了乡试第一名。为此，他自己开心地刻了一个"六等秀才"的印章，到处盖印。

大家都以为他要大展宏图了，谁知他选了个最冷门的职业：扶乩。金圣叹自称泐庵法师，成为当时一度非常有名的神棍。但即便是最边缘的职业，金圣叹也玩出了新高度，成为扶乩的高手，当时的文坛大师纷纷登门，邀请金圣叹扶乩占卜。

江南名士叶绍袁就曾多次把金圣叹请到家中。

叶绍袁的女儿叶小鸾早逝，他思女心切，就想通过金圣叹同阴间的女儿诉诉衷肠。金圣叹在扶乩中模仿叶小鸾的文风，写下诗句，仿若小鸾重生，引得叶父叶母泪涕涟涟。这件事当时流传甚广，成为佳话，最终成为曹雪芹写《红楼梦》的素材之一。

1634年，李自成张献忠等农民起义军大败官军，攻入河南、湖广。叶绍袁又请来了金圣叹，金圣叹对叶绍袁说："流贼必不渡江，苏州兵火，十年之后，必不能免。"

而十一年之后的1645年，清兵消灭了李自成的大顺和南明弘光政权，铁蹄踏到了江南，当时病中的叶绍袁想起金圣叹的预言，果然全部应验。

金圣叹还曾经给清初诗坛的盟主之一钱谦益扶乩降神，他不要钱财，只要求钱谦益为他"作传一首，以耀于世"。通过钱谦益的作传，金圣叹终于走进了当时的主流文学圈。

2.《水浒传》与《西厢记》

《水浒传》大家都看过，而《金圣叹批评本水浒传》就未必有很多人读过。它不仅让人真正读懂《水浒传》原著，而且胡适、钱穆等，几乎所有近现代大师的读书秘诀，都是从这里学来的。

穆先生曾撂下一句狠话："不读金批，《水浒》就跟没读一样！"

金圣叹在1641年刊行了自己评点的《水浒传》。被金圣叹尊崇为"才子书"的，只有区区六部：《庄子》《离骚》《史记》《杜诗》《水浒传》《西厢记》。他持一身才华，动用毕生绝学来为这六部书作批注，可惜中途因"哭庙案"被害，只完成了《水浒传》与《西厢记》的批注。

金圣叹认为，《水浒传》从接受招安开始的后五十回乃罗贯中续写，他大笔一挥，把后五十回直接删了，只保留施耐庵写的前七十回，"一时学者，爱读圣叹书，几于家置一编"。此后三百年间，"金批版"成为文学价值最高、收藏价值最高的《水浒传》版本。

看普通版《水浒传》，很多人觉得它是精彩的农民起义小说。但看金圣叹的点评，如醍醐灌顶，才看出这部书里字有字法，句有句法，章有章法，部有部法。

金圣叹对《水浒传》结构布局做了细致的研究，归纳出"草蛇灰线法""绵针泥刺法""弄引法""獭尾法"等十几种巧妙笔法。

他说："《水浒》之文精严，读之即得读一切书之法也。"

他认为书中每一句、每一字都揭示着人物心理、社会背景的不同，梁山十八好汉，表面上个个都是粗莽的汉子，但各有各微妙的人性特点："《水浒传》只是写人粗鲁处，便有许多写法。鲁达粗鲁是性急，史进粗鲁是少年任气，李逵粗鲁是蛮，武松粗鲁是豪杰不受羁靮，阮小七粗鲁是悲愤无说处，焦挺粗鲁是气质不好……"

金圣叹对章法、句法、人物的分析要领，不单适用于《水浒传》，更适用于《西游记》《红楼梦》等所有叙事经典，难怪钱穆会说："是金批《水浒》教会了我读书方法，我一生用金批《水浒》教的读书方法来阅读和研究一切著作。"

几年后，金批《西厢记》问世。

金圣叹指责那些认为《西厢记》淫秽的人，是淫者见淫。在当时，他的言论，像一把华丽的剑，刺穿了现实。

金圣叹如痴如狂，自己入戏成了男主角，三四日不言不语，茶饭不思，埋首了《西厢记》，几乎到了痴迷的地步。他甚至号召大家读《西厢记》时，必须焚香读之、对雪读之、对化读之、与美人并坐读之、与道人对坐读之……

因为这份虔诚，金圣叹对《西厢记》只是做了些小手术，尽管他不喜欢第五本，认为是"伧夫"所为，张生变成猪八戒，崔莺莺变成了木头人，但他没有把第五本删掉了事，还是保留下来，并且恶狠狠地说："何必续，如何续，偏要续，我便看你续！"

金圣叹批注《西厢记》每每引申开来，另辟蹊径，这些评点既与《西厢记》有关，又常常游离于《西厢记》之外。当点评无法尽兴时，他甚至不惜屡屡亲自对《西厢记》进行删改、补充，可见他的痴迷。

其中最为脍炙人口的，就是他连批了三十三个"不亦快哉"。

"不亦快哉"，直译是"那不是很快乐吗"。他说，子弟背书流利的时候快乐，切西瓜的时候也快乐，推开窗把蜜蜂放出去就快乐，看到别人风筝线断了也快乐。这可真应了东坡先生的话："凡物皆有可观，苟有可观，皆有可乐。"

谁说金圣叹狂放呢？他内心分明细腻如许，每天在生活里寻找一些"不亦快哉"的事情，如此，才好继续跟这个世界寻求和解。

金圣叹评注的《西厢记》面世后，成了爆款，人手一册。连顺治帝都疯狂爱上了圣叹版《西厢记》，毫不吝惜赞美之词，"此是古文高手，莫以时文眼看他"。

金圣叹得此知己，扬眉吐气，激动得"感而泣下，因向北叩首"。

3. 千古一奇人

金圣叹的最大贡献，在于提高了小说与戏曲的应有地位，他是最早和最有影响力的通俗文学提倡者，也是中国史上最有创意的文学批评家之一，开创了细读文本的文学批评方法。

此等才情和见地，大大超出同时代人的理解与想象。

所有人都以为金圣叹从此将平步青云，包括金圣叹自己，他很傻很天真地幻想为皇帝讲经的场面。可惜，他的政治抱负还没来得及施展，就遭遇了"哭庙案"。

所谓"哭庙案"，缘起于苏州吴县新任县令任维初的贪腐，他一面以严刑催交赋税，杖毙一人；一面把赈灾粮高价卖给百姓，中饱私囊。百姓不堪其苦，激起民怨。

一帮秀才组织游行，在文庙的先圣牌位前痛哭流涕，发泄不满。时值顺治帝刚去世，江苏巡抚等大小官员都到苏州知府衙门"哭临"。几个秀才因同情农民的遭遇，便写了"揭帖"去知府衙门控告县官。

此举立刻引来轰动。

金圣叹当时并未去现场，但事后为减轻他人的罪名，他自认为首，和苏州"哭庙案"的十八名士子被投入金陵大牢，判处"斩立决"。

这何其荒谬？金圣叹刚刚决定成为朝廷的拥戴者，却被朝廷视作叛逆者处死。

这样一个敏慧绝代、傲视千古的文人，一位才华横溢、见解独到的书评家，还没来得及把"六才子书"逐一点评完，就遭到了被杀的厄运。

金圣叹披枷戴锁，岿然立于囚车之上，在临死之前非但不惊慌，还用调侃幽默的口吻与旁人开玩笑。

眼看行刑时刻将到，金圣叹的儿子望着即将永诀的慈父，更加悲切，泪如泉涌。金圣叹虽心中难过，可他从容不迫，文思更加敏捷，为了安慰儿子，他泰然自若地说："哭有何用？来，我出个对联你来对。"

他吟出上联"莲子心中苦"，儿子跪在地上哭得肝胆欲裂，哪有心思对对联？金圣叹稍思索说："起来吧，别哭了，我替你对下联。"他又自顾自地念出了下联："梨儿腹内酸。"

旁听者无不为之动容，黯然神伤。

这上联的"莲"与"怜"同音，下联的"梨"与"离"同音，父子情一场，只需十个字，便肝肠寸断，催人泪下。

紧接着，他又口出一诗："苍天为我报丁忧，万里江山尽白头。明日太阳来相吊，家家户户泪珠流。"

这位特立独行的文人，面对死亡也是如此不同，正如文章开头所言，他在行刑前还同世人开了最后一个玩笑，做出了最后一场表演。

纵观他的一生，是大起大落、悲喜无常的一生，也是才华横溢、惊艳绝伦的一生。旁人不解，笑他疯癫，殊不知他在笑旁人看不穿。

李白：白也诗无敌，飘然卓不群

762年，采石矶，明月皎皎。

一叶小舟静静地漂荡于江面，不时有船桨轻划，溅起水花无数。

李白倚在船舷上，手中的酒壶已见了底，空空荡荡，醉意终究深了。

今夜的他似乎豪情大发，又重回到了青年，回到了那段"安能摧眉折腰事权贵，使我不得开心颜"的时光。

他想起了仗剑远游的自己，踏遍河山，纵情山水，遍干诸侯；

他想起了名动长安的自己，志得意满，醉卧酒家，让玄宗皇帝亲自调羹，让高力士脱靴；

他想起了赐金放还的自己，千金买酒，南北交游，依然有长风破浪的豪情，怀着直挂云帆的渴望；

他甚至想起长流夜郎的自己，突遭大赦，返程归家，两岸猿声相送，一路轻舟而去。

他想起了许多许多。

这一生，他曾恣情恣意地活过，没什么遗憾。哪怕仕途坎坷，哪怕理想始终无着，他想，他不后悔。如果有来世，他仍会如一只大鹏般，奋飞九天。

这样想着，他不禁对着明月高歌道：

大鹏飞兮振八裔，中天摧兮力不济。

余风激兮万世，游扶桑兮挂左袂。

后人得之传此，仲尼亡兮谁为出涕！

他俯下身子，看着水中的明月。那轮月，离他似乎只有咫尺，那样澄澈，那样通透，那样玉润冰清、纤尘不染，他仿佛看到了自己理想的化身。

心旌摇曳中，他慢慢伸出了手，探出了身子，近了，近了……终于，他揽住了那轮明月，像揽住了心爱的珍宝。

这时，船身突然剧烈地动了一下，迷迷糊糊的船家抬起头，忽然瞪大了眼睛，他竟然看到了人世间最难以置信的场面：李白着一袭月白色的长袍，正怀抱着明月，坐在一头白鲸上，向着天上飞去……

一个最伟大的诗人就这样离开了。

有人说他醉酒而亡，有人说他捞月而死，也有人说他羽化登仙。

李白之死，至今仍然是一个谜，充满了浪漫和瑰丽，正如其人与其诗。

1.大笑出门去

742年，时年四十二岁的李白，终于等到了来自长安的应召。

为这一刻，他已累积了半生诗名。

他少年立志，早早许下"使寰区大定，海县清一"的抱负；他交游南北，投出无数的干谒信；他散尽千金，从蜀中到长安，走了太远太远的路。

> 白酒新熟山中归，黄鸡啄黍秋正肥。
>
> 呼童烹鸡酌白酒，儿女嬉笑牵人衣。
>
> 高歌取醉欲自慰，起舞落日争光辉。
>
> 游说万乘苦不早，著鞭跨马涉远道。
>
> 会稽愚妇轻买臣，余亦辞家西入秦。
>
> 仰天大笑出门去，我辈岂是蓬蒿人。

这首《南陵别儿童入京》道尽了他的辛酸和得意，尤其是末尾两句，满是夙愿得偿的狂喜，那种昂扬自信和踌躇满志，几乎要从纸上喷薄而出。

他太渴望建功立业了。也不怪李白嚣张，他才华横溢，简直照亮了半壁大唐，如何不能入仕？

也许有人会问，既然李白那样渴望跻身仕途，为什么不参加科举考试呢？

答案很简单，也有些荒谬，但放在李白身上，又显得无比合理："近者逸人李白，自峨眉而来。尔其天为容，道为貌，不屈己，不干人，巢、由以来，一人而已。"

是因为强烈的自信乃至自负；是因为不屑于走科举入仕之路；是因为他希望凭借惊艳的才华，直抵卿相，一鸣惊人！

自信吗？狂傲吗？这就是李白。他是盛唐的代表作，在他身上，最为淋漓地诠释了盛唐精神。无论是他的理想与豪气，还是苦闷与忧伤，抑或是挫折和磨难，都恢宏而阔大，耀眼而夺目。

来到长安后，李白住在招贤馆中，等待玄宗的召见。

闲来无事，他便在长安城中四处游逛，一天，他到紫极宫游玩，恰巧遇见了太子宾客贺知章。

两人一拍即合，越聊越投机，索性来到酒馆小酌。当贺知章看完李白的《蜀道难》，不禁连连惊叹道："好，太好了！这首诗真可谓是天地为之惊，鬼神为之泣啊！"

他又仔细看看李白，大笑道："这样绝妙的诗，也只有你这样不同凡夫的人可以写出来了，你莫不是天上的太白星下凡？"

"李谪仙"的称号由此传开，李白又多了一道耀眼的头衔。

在贺知章的大力举荐下，没几日，唐玄宗就亲自召见了李白。

他气宇轩昂，容貌非凡，举手投足间透着洒脱，唐玄宗看得心花怒放："世人都只知道汉武帝有司马相如，从此以后，也会知晓朕有李太白了！"

玄宗朱笔一挥，从此李白成了"翰林待诏"，随时等待皇帝召见。

这个职位虽官职不高，却能够常常面见皇帝，在当时文人心目中，已是无上的荣耀。李白有些飘飘然了，他想，离我实现报国之志的日子不远了。

这是李白生命中最畅快的时日，也是他政治生涯的巅峰，一如大鹏振翅，九霄震荡。

2. 长安不得志

翰林院里，李白时时等着玄宗的召见，也等着施展自己的治国良方。然而那时的唐玄宗，已不再有缔造开元盛世的豪情壮志，相比繁缛国事，他更愿意沉溺享乐。

如果李白能再早些遇见唐玄宗，后世或许会多一段贤君名臣的佳话。但现实是残酷的，哪怕李白有再卓绝的才华，也只化作了为皇帝助兴的一首首冶艳歌词，譬如那三首脍炙人口的《清平调》：

其一

云想衣裳花想容，春风拂槛露华浓。

若非群玉山头见，会向瑶台月下逢。

其二

一枝红艳露凝香，云雨巫山枉断肠。

借问汉宫谁得似，可怜飞燕倚新妆。

其三

名花倾国两相欢，长得君王带笑看。

解释春风无限恨，沉香亭北倚阑干。

李白内心愈是苦闷，行为就愈是狂傲不羁，对高力士之流，多多少少有些轻慢和不屑。

有一次，李白奉召为玄宗起草诏文。那时的他，已喝得酩酊大醉了，正欲下笔，突然看到了玄宗身侧一脸谄媚的高力士。

说他不拘小节也好，说他狂放也好，总之，李白盯上了高力士。他对玄宗说："臣的这身装束，很影响发挥。"

玄宗准予他随意些，于是，他摘掉了帽子，又脱下了皮袄，正欲抬脚上御榻，又突然停了下来，对旁边的高力士说："劳驾，请帮忙把靴子脱下来！"

高力士心中恼怒不已，可是在皇帝面前，他又不敢翻脸，只得帮李白脱下了靴子。

李白教训了高力士，心中畅快，笔走龙蛇间，诏书便完成了。而遭受此等奇耻大辱的高力士，又岂会善罢甘休？他有意无意地撺掇杨贵妃，污蔑李白心思不纯。

"娘娘可知赵飞燕是娼家出身？可知她的悲惨结局？李白这是什《清平调》里拐着弯儿骂娘娘呢。"

杨贵妃大怒，从此常在玄宗面前搬弄李白的是非。再加上高力士的煽风点火，唐玄宗对李白的态度日益冷淡，李白渐渐萌生了去意。

他心中暗暗问自己：玄宗亲手调羹又如何，能让高力士脱靴又如何？我李白难道是在意那点恩宠吗？我难道是想成为如高力士那般的宠臣吗？

不！我要的是"尽节报明主""相携卧白云"，我要的是天地为之震，日月为之惊。既然长安不容我，那我就离开长安；既然世事不容我，那我就远离世事。

就这样，李白带着唐玄宗赏赐的千金，挥一挥衣袖，离开了长安。

3. 千金买画壁

离开长安后，李白邂逅了他人生中最宝贵的友谊和最浪漫的爱情。

他泛舟黄河东下，在洛阳，与杜甫不期而遇，中国历史上最伟大的两个诗人相遇了。他们一见如故，开启了那段让后人瞻仰的神仙友谊。

一起睡觉是真的；一起喝酒是真的；一起游山玩水也是真的；一起写诗，那更不用说了。他们一个侠骨仙风，神采飘逸；一个青年才俊，老成持重。共同遍访古城名胜，猎奇前朝遗迹，情趣盎然。

有一阵子，他们漫游宋州的梁园，同行的还有诗人高适。游到兴高采烈时，大家相约饮酒题诗。

李白喝得最多，也写得最多，眼见高适和杜甫都完成了一首绝句，他醉眼惺忪地抓起一支斗笔，踉踉跄跄地走到粉壁前。

绝句？律诗？他笔酣墨饱，不假思索地在粉墙上写下了"梁园吟"三个遒劲的大字，紧跟着笔走龙蛇，思绪一泻千里，顷刻间，竟然完成一首歌行体长诗。

他们三人互相喝彩，沉浸在诗酒之乐中，并不知道，园子里还有另一位娇客。园林的仆从闻讯，上前来呵斥他们：这墙壁是新刷的，怎么能够写字呢？你们得赔！还得把字刷干净！

三人都傻眼了，尤其是李白。他的诗多值钱呀，只听过有人花重金买诗的，没听过有人如此嫌弃的。

就在这时，一个袅娜的身影出现了，她目睹了三人题诗的过程，对李白的才情倾倒不已，愿意出黄金千两，向仆从买下这堵墙壁。

这下，三人再次齐刷刷地傻眼了。这是谁家的姑娘？怎么如此豪横？

这位姑娘姓宗，是已故宰相宗楚客的孙女，知音律，善操琴，在当地颇有名声。许多权门显贵和英俊公子上门求亲，都被她婉言谢绝，当地有民谣戏称道："今人难娶宗氏女，除非神仙下凡来。"

李白可不就是谪仙人？这分明是送上门的姻缘呀。就这样，千金买壁的佳话不胫而走，李白与宗家小姐喜结良缘，开始了"一朝去京国，十载客梁园"的生活。

4. 散发弄扁舟

744年秋冬之际，李白前往齐州（今山东济南一带）紫极宫请道士授道箓，正式履行了道教仪式，成为道士。从此，他遨游名山大川，寻访隐士高人，炼丹游仙。

儒与道，构成李白思想里的两端。一方面，他遵循儒家，践行着修身、治国、平天下的传统，渴望"济苍生""安社稷"；另一方面，他又崇尚道家，不愿拘束于世俗的牢笼，追求精神上的绝对自由。

因此，李白最终极的政治理想是"事了拂衣去，深藏身与名"，他希望生平能有所作为，而后功成身退，回归山林。

在这个目标的驱使下，李白一直寻觅着建功立业的机会。适逢安史之乱，中原板荡，生灵涂炭，他随着百姓一路南逃，途中，时时有消息传来：哪里又被攻破，哪里又是一片哀鸿遍野。

"归心落何处？日没大江西。"李白虽避居庐山深处，心中却常如巨浪滔天，想到百姓的苦难，想到故国的凋敝，夜不能寐。正当他感慨报国无门时，永王李璘找到了他，邀他入幕府，共同平定叛乱，一清中原。

也许是报国心切，也许只是太天真了，李白激动地加入了幕府，却不知自己已经陷入了玄宗和肃宗父子、李亨和李璘兄弟之间的权力争夺。

永王兵败后，李白以"附逆作乱"的罪名被捕，投入浔阳监狱。

一个最向往自由的人，却突然失去了自由，李白心中的苦涩与悲痛可想而知。在狱中，他写下了数首抗议与控诉的诗歌，得到了当时正义之士的同情。最终在他们的奔走救援下，李白得以出狱，作为代价，他被判长流夜郎。

经江夏，上三峡，站在白帝城头，李白忽然百感交集，自己的一生竟与大唐的国运紧密相连：王朝的灿烂，他与有荣焉；国难的深重，他亦悲从中来。

原来李白不只是李白，他还是大唐的李白，也是时代的李白。时至今日，我们可以更确切地说，他是我们中华民族的李白。

从"床前明月光，疑是地上霜"到"飞流直下三千尺，疑是银河落九天"；从"桃花潭水深千尺，不及汪伦送我情"到"孤帆远影碧空尽，惟见长江天际流"；从"人生在世不称意，明朝散发弄扁舟"到"天生我材必有用，千金散尽还复来"：李白早已幻化为我们民族最光彩、最灿烂的一个文化符号，长驻于我们的灵魂深处。

花蕊夫人：诚知亡国恨，一朝误红颜

　　如果要用一个字来形容五代十国时期的这段历史，那大概就是一个"乱"字。

　　自黄巢起义以后，唐王朝名存实亡，各地藩镇割据。907年，朱温建立后梁，自此，历史进入了五代十国时期，朝代更迭，群雄逐鹿。

　　这是一个血雨腥风的时代，也是一个男子策马驰骋的时代。女子的光彩在刀光剑影中被层层掩埋，唯独她，是个例外。

　　她就是后蜀主孟昶的宠妃——花蕊夫人。

　　花蕊夫人有多美呢？

　　"花不足以拟其色，蕊差堪状其容"，花儿也无法比拟她的美色，唯有这花朵的精华——花蕊，可以勉强描摹她的妆容。可谓是美中之美，华中之华。

但如果只是美貌，也许她还不足以令孟昶神魂颠倒，令一代乱世枭雄赵匡胤念念不忘。

她钟灵毓秀，绣口锦心，不只有绝美的容颜，更有惊艳的才华。后世流传下来的《花蕊夫人宫词》尚有一百多篇，被后人称誉"清新艳丽，足可夺王建、张籍之席"。

她最让人敬佩的，却是一首骂得十四万男儿无地自容的诗歌，以及诗歌里所流露出的铮铮铁骨与坚贞气节。

1. 艳冠芙蓉城

中国历史上曾经有过三位"花蕊夫人"，其中两位是前蜀开国皇帝王建的妃子徐氏姐妹，分别称"大徐妃"和"小徐妃"。

我们今天要说的却不是她们，而是后蜀后主孟昶的宠妃。

花蕊夫人，本姓徐（一说姓费），四川青城人。据《十国春秋·慧妃徐氏传》记载：943年，孟昶下令广选良家女子入宫，时年十七岁的花蕊夫人，凭着自己秀丽的姿容和出众的才华，很快赢得孟昶的百般宠爱，先是拜为贵妃，后来又升为慧妃。

因花蕊夫人喜爱芙蓉，孟昶便下令在成都的城墙上遍植芙蓉树，并派专人细心护理。后来竟演变成了一种风俗，成都遍地栽植芙蓉花，每到秋季芙蓉花开的时候，满城香气四溢，成都也因此有了"芙蓉城"的美誉。

据说有一个盛夏时节，花蕊夫人和孟昶在成都摩诃池上避暑。孟昶特地为她写下了《玉楼春》词：

冰肌玉骨清无汗，水殿风来暗香满。绣帘一点月窥人，欹枕钗横云鬓乱。

起来琼户启无声，时见疏星渡河汉。屈指西风几时来，只恐流年暗中换。

许多年后，北宋诗人苏轼根据这首词及两人间的爱情故事，写下了清丽婉约的《洞仙歌令》：

冰肌玉骨，自清凉无汗。水殿风来暗香满。绣帘开，一点明月窥人，人未寝，欹枕钗横鬓乱。

起来携素手，庭户无声，时见疏星渡河汉。试问夜如何？夜已三更，金波淡，玉绳低转。但屈指，西风几时来，又不道，流年暗中偷换。

虽事隔千年，透过文字，依稀还能捕捉当日旖旎与深情，那是一段好时光，如花美眷，堪配似水流年。

2. 多情亡国君

毋庸置疑，孟昶是一位才子。

他不仅为后世留下了一篇佳作，还写下了学界公认的中国最早的一副对联：

"新年纳余庆，嘉节号长春。"

只可惜，他同李煜一般，一双手写得出锦绣词句，却握不稳这大好河山。

史书上记载的孟昶，奢侈淫靡，耽于享乐。据说赵匡胤的军队攻破孟昶的皇宫后，将里面的珍宝打劫一空，并挑上好的物件上呈给赵匡胤。其中有一件溺器（即夜壶），它竟是用黄金铸造，七宝装成的，价值连城。

孱弱而富有，无能而纵欲，孟昶的江山如何能稳？在乱世逐鹿的烽火里，多的是人觊觎这一方割据的王位。

成王败寇，实属寻常，而孟昶是失败的这方。

965年，宋太祖赵匡胤率领的部队齐聚后蜀王城成都，鼓角声声，催得城内的百姓俱是一阵胆战心惊。

昏庸胆怯的蜀主孟昶，带着十几万军队奉表投降。

宋军仅仅用了六十六天时间，就让后蜀延绵三十二年之久的政权，轰然倒塌。

孟昶由水路被押解入汴京，花蕊夫人则由陆路独自被押送北行，一路经剑门、关中，再入汴京。

花蕊夫人想到自己以囚徒之身远离巴蜀，国破家亡，从此故土故人皆抛却，内心伤怀不已。

在道经葭萌驿时，她在墙壁上题下了《采桑子》词：

初离蜀道心将碎，离恨绵绵，春日如年。马上时时闻杜鹃。

然而，她还没来得及将另半阕写完，宋兵便已催促上路。从此，那另半阕词便永远地沉寂在了心头。

在到达汴京后不久，孟昶就莫名其妙地横死，花蕊夫人却被留在宫中。

花蕊夫人悲痛不已，为了纪念孟昶，她便在宫中偷偷挂上了孟昶的画像，以示永久不忘。

3. 女儿亦刚强

赵匡胤垂涎花蕊夫人的美貌与才情，想要立他为后，花蕊夫人却感念孟昶的深情，坚决不从。

赵匡胤气急败坏，竟厉声指责花蕊夫人，说她红颜祸水，孟昶正是因为贪恋美色，才招致国破家亡的结局。

在这样的情形下，花蕊夫人写下了这首《述国亡诗》：

君王城上竖降旗，妾在深宫那得知？

十四万人齐解甲，更无一个是男儿！

都道美人误国，从商纣王与妲己，到周幽王与褒姒，再到唐明皇与杨贵妃，历朝历代凡是有国破家亡，人们总能找出一个女子，将罪过归结到女子身上。可那些女子何其无辜？在男权至上的封建时代里，她们生存本就不易，以色侍人，咽泪装欢，困在深宫里连自由都没有，却要背负国破家亡的骂名。

如果可以，她们又何尝不想横刀立马，征战沙场，保卫家国？反倒是那些男子，昏昏碌碌，沉迷酒色，在国破之际，既没有殊死拼搏的勇气，也没有慨然赴死的豪情，便只好向敌军妥协，终了，还要把怨气和后悔发泄在女子身上。

其实，"红颜祸水"的标签，不过是为了掩饰那些君王的懦弱。

想后蜀亡国之时，尚有精兵十四万人，而宋军兵力不过三万，人数如此悬殊，但最终，反倒是十四万人齐齐解甲，向宋军投降。

花蕊夫人以"更无一个是男儿"做了辛辣的讽刺，一气呵成，字字铿锵，其见识、勇气，令赵匡胤都为之刮目相看，更令天下男儿都为之俯首。

在亡国的背景下，在一众软弱男子中，这个柔弱的女子却用自己慷慨的陈词，为那段愁云惨雾的历史添上了一抹亮色，赢得了后人的钦佩。

清代诗人黄俞就曾写诗《花蕊夫人宅》夸赞花蕊夫人：

歌舞当年进蜀王，应怜遗址牧牛羊。

茸茸细草堆芳径，漠漠寒烟覆短墙。

城上降旗千载泪，宫中题恨满帘霜。

英雄多少荒烟土，不及夫人姓字香。

关于花蕊夫人的死，史书中并没有详细的记载，但有两种说法：一说她因为不忘故君，最终被赐死；一说她欲毒死宋太祖报仇，反被射死。

无论怎样，她的芳名早已随着那一首诗留名青史，她的骨气与坚贞，更世世代代受到人们的敬仰。

李煜：本是痴情人，错投帝王家

978年8月13日，一代帝王李煜死于汴京。

那天是七夕佳节，相传，李煜在府邸之中，令随行宫人们作乐，声闻于外。词句"小楼昨夜又东风，故国不堪回首月明中"传到宋太宗耳中，惹得对方大怒。

于是，李煜被太宗赐下含牵机药的毒酒，那首吟唱着"问君能有几多愁"的《虞美人》，也就成为李煜的绝命之作。

这位"生为词宗，死为词魂"的帝王，终究无法守护他的故土故国，却也留下了如《浪淘沙》《虞美人》等凄婉动人的词章，以一生心血，书写着人间真情。

1. 错生帝王家

937年七夕，李煜出生。

他被命名从嘉，取从心顺意、嘉和万世之意。可惜，在那个藩镇割据、政权分崩离析的时代，这样的愿望注定是一种奢求。

那年十月，李煜的祖父——其时早已权倾南吴朝野的徐知诰，逼迫傀儡皇帝杨溥禅位，他受禅称帝，国号齐。939年，徐知诰恢复李姓，改名为昪，并自称是唐宪宗之子建王李恪的后裔，改国号为唐。

一场名为南唐的繁华戏剧正式拉开帷幕。

南唐在李昪的励精图治下，一跃而为"十国"中的强者。然而，随着中主李璟的即位，南唐征战无度，任用佞臣，逐渐失掉民心，由江南崛起的最大势力，变为国土沦丧、割地上贡的藩国。

待到李煜二十五岁，身不由己地登上王位时，南唐江山早已千疮百孔，偏安于江南十九州，且尊宋为正统，岁贡以保平安。

追求现世快活，已经成为南唐社会大多数人的普遍心理，即便是李煜，也不例外。

"谁能役役尘中累，贪合鱼龙构强名？"秦始皇、周穆王虽然雄视天下，耀威四海，但又有什么可羡慕的呢？堕入尘网之中，只能是自寻苦恼，万古到头终一死，又何必为了虚名而劳瘁心力？

在很多诗歌中，李煜都表现出对超然出世的道家思想的推崇，"揖让月在手，动摇风满怀""倾碗更为寿，深卮递酬宾"等，都是最好的例证。他不适合，也不喜欢做君王，他更希望做一名放荡诗酒的文人，或是经纶满腹的高人隐士。

李煜天资聪慧，通晓音律，善词章，工书画，是个十足的文人大家。他书法学柳公权，十得八九；他自创金错刀笔法，如寒松劲竹；他用卷帛写大字，被后人称为撮襟书；他画墨竹，烟梢露叶，有清爽不凡的神韵；他博闻强识，藏书阁中有书十余万卷。

当然，这些才华都是在锦衣玉食里养就的，他"生于深宫之中，长于妇人之手"，在泼天富贵中度过了少年时代。

红日已高三丈透，金炉次第添香兽。红锦地衣随步皱。

佳人舞点金钗溜，酒恶时拈花蕊嗅。别殿遥闻箫鼓奏。

这首《浣溪沙》记录了李煜那段金碧辉煌、雍容华贵的生活。他睡至日上三竿，闻金炉飘香，看美人歌舞，享美酒佳肴，闻管弦声声。

这样的日子让人沉迷与陶醉，谁会不喜欢呢？李煜丝毫不加掩饰，他乐在其中，一任真实情感的流泻。

寻春须是先春早，看花莫待花枝老。缥色玉柔擎，醅浮盏面清。

何妨频笑粲，禁苑春归晚。同醉与闲平，诗随羯鼓成。

"寻春须是先春早，看花莫待花枝老"是词人驾车出游、会赏春光时的经验之谈，行乐须及春。在他的词作里，写欢乐便从头到尾都是欢歌笑语，有说不尽的风流缱绻。

"车如流水马如龙，花月正春风"，此时的李煜有如一个不识愁滋味的少年，满心欢喜地追寻着人间的欢乐。他并不知道，繁华至极，往往便是荒芜，如今的他有多么欢乐，此后的他就会有多么深刻的哀愁忧苦。

2.南唐神仙侣

云一緺，玉一梭，淡淡衫儿薄薄罗。轻颦双黛螺。

秋风多，雨相和，帘外芭蕉三两窠。夜长人奈何！

这首《长相思》据说是李煜为大周后娥皇写的，以倾诉相思。漫漫长夜里，词人想念意中人一袭轻衫、轻蹙娥眉的情态，难以入眠。

李煜十八岁那年，娶了南唐元老重臣周宗的女儿娥皇，她便是后来的大周后。史书上记载："娥皇通书史，善歌舞，尤工琵琶。"他们志趣相投，婚姻生活十分美满。

大周后在音乐上的才华非常夺目，曾当场编写两首曲谱《邀醉舞破》和《恨来迟破》，引得李煜欣喜、叹服不已。

据说，唐代的《霓裳羽衣曲》，到五代时已成绝响。后来李煜得到了残谱，大周后和他一起变易讹谬，去繁定缺，使残谱重新变得清越可听。

李煜还特地为此写下了一首《玉楼春》：

晚妆初了明肌雪，春殿嫔娥鱼贯列。风箫吹断水云间，重按霓裳歌遍彻。

临风谁更飘香屑，醉拍阑干情味切。归时休放烛花红，待踏马蹄清夜月。

明媚艳丽的宫娥们，在豪华的宫殿中依次排列成行，随着悠远的笙箫之声翩翩起舞。沉醉的香气飘荡在风中，词人意兴飞扬，不自觉地拍着栏杆。等到歌罢酒阑，曲终人散，也不用点燃红烛照明，权且趁着这清朗月色，放马而行。

南唐宫廷的纸醉金迷，在这首诗歌中被渲染到了极点。

此时的李煜与大周后感情非常好，白天一起游山、划船，晚上便一起唱歌跳舞，"琴瑟在御，莫不静好"。然而，这样的甜蜜并未持续太久，964年初冬，大周后不幸染病卧床，虽然李煜朝夕相守，衣不解带地照顾，但她的病情仍日益加重，她美丽的生命如春花萎地般就此凋零。

李煜悲痛万分，几次想要投井自杀，幸而得到臣子搭救，受到多方劝慰，痛苦的心情才稍稍平静。然而，他对大周后始终未能忘情，每每触物伤怀，仍是悲痛不能自持。他在《书灵筵手巾》中写道：

浮生共憔悴，壮岁失婵娟。

汗手遗香渍，痕眉染黛烟。

手巾上仿佛还能闻到妻子生前所用香膏的气味，画眉的黛烟也依稀是尹干蛾眉弯弯的模样，可是时过境迁，伊人远去，从前的甜蜜都成了今日的凄楚。

又见桐花发旧枝，一楼烟雨暮凄凄。

凭阑惆怅人谁会，不觉潸然泪眼低。

层城无复见娇姿，佳节缠哀不自持。

空有当年旧烟月，芙蓉城上哭娥眉。

他在《感怀》中感叹：桐花又开，可昔日同我一起观赏的人去了哪里？暮色沉沉，烟雨凄凄，我独自凭阑的惆怅又有谁能懂得呢？不知不觉间，眼泪已打湿了我的衣襟。

李煜性情里有一种纯真，那便是他待人、待事都极其真诚，从来不知道掩饰与回避，有着孩子般的天真与无畏。

王国维在《人间词话》里说："客观之诗人，不可不多阅世，阅世愈深，则材料愈丰富、愈变化，《水浒传》《红楼梦》之作者是也。主观之诗人，不必多阅世，阅世愈浅，则性情愈真，李后主是也。"

这种纯真的性情，让李煜得以在词中一任真实情感宣泄，而较少有理性的节制，因而哀婉动人。但也正是这种单薄的心机，让他无力成为乱世里的豪强帝王，也无力运筹帷幄，挽救如风中漂萍的南唐国运。

3. 故国月明中

975年，宋军兵临城下，李煜携着神情悲戚的臣子们肉袒出降，受尽屈辱。次年正月初四，赵匡胤冕旒衮服，于明德楼前，接受李煜等南唐君臣后妃的跪拜。

在位十五年间，李煜秉行着"外示恭俭，内怀观望"的基本国策，不仅主动削去唐号，自称江南国主，还每年从国库中拿出大批财物贡宋。

他希望以自己的一片赤诚，获取宋太祖赵匡胤的宽容之心。但他实在太过天真。"天下一家，卧榻之侧，岂可许他人鼾睡？"李煜却不明白这个道理，他自恃在文化上优于赵宋，而不甘心臣服；他希望保留自己作为帝王的尊严，却又不具备维护这种尊严的能力和底气。

在内忧外患、风雨飘摇中，他索性苟且偷安，沉湎声色，以瞬时的欢乐麻醉痛苦的神经。但欢乐是那样短暂，痛苦却仿佛没有尽头。作为降王，李煜虽然没有性命之忧，却被剥夺了人身的自由，被践踏了人格的尊严。

每每从醉酒中醒来，看着戒备森严的高墙深院，他一次次感受着"一行珠帘闲不卷，终日谁来"的寂寞凄清；一次次回忆着"春殿嫔娥鱼贯列"的繁华奢靡；也一次次体味着"故国不堪回首月明中"的悔恨。

李煜肝肠寸断，涕泪沾襟，蘸着泪，写下许多凄清愁苦的词句。那词句有如汩汩流水，源源不绝；又如阵阵笙箫，凄恻哀婉。

帘外雨潺潺，春意阑珊。罗衾不耐五更寒。梦里不知身是客，一晌贪欢。

独自莫凭栏，无限江山。别时容易见时难。流水落花春去也，天上人间。

词人在梦里重温了过往的繁华，然而潺潺春雨、阵阵春寒却将词人的残梦惊破，梦中越是欢喜，醒来便越加悲凉。

当代词学大师唐圭璋是这样评价这首《浪淘沙》的："一片血肉模糊之词，惨淡已极。深更半夜的啼鹃，巫峡两岸的猿啸，怕没有这样哀罢。"

林花谢了春红，太匆匆。无奈朝来寒雨晚来风。

胭脂泪，相留醉，几时重。自是人生长恨水长东。

自古以来，暮春残景往往寄托着词人之悲。在这首《相见欢》中，狼藉残红，春去匆匆，词人叹花，也是自叹，那人生的寒风冷雨，他又如何抵挡得住？

"自是人生长恨水长东"，似乎已不再是仅仅书写一己的失意情怀，而是整个人类所共有的生命的缺憾：水之必然长东，有如人之必然长恨，沉哀入骨。

个人之愁已升华为家国之愁、人生之愁、人类之愁、生命之愁，正是如此，李煜的词作才能够在千百年后仍然引发人们的共鸣。

国破家亡的悲凉，身陷囹圄的忧惧，遭受玩弄的屈辱，身世难测的悲戚，过往繁华的眷恋……种种情绪积聚在李煜心中，他的每一声呼喊，都沁满了深忧剧痛，笔墨之中注入了他的血泪。

他不是个好皇帝，却是一个好词人。

苏轼：竹杖芒鞋里，烟雨任平生

翻遍唐宋元明，我们只有一个苏轼。

他是词仙，黄州、儋州、密州，一路走来，摔了无数跟头，踩了无数坑，但这些磨难仿佛没有在他的灵魂里烙下印迹。他干净磊落，依然是从眉山走出来的少年。

他是豪侠，把生活的苦大口嚼碎，咽下去，还能嬉皮笑脸。都说他是美食家，一锅东坡肉炖得芳香四溢。那炖的何止是肉，明明是他生平最低谷。

他也是情痴，会在十年后还梦到发妻，眼泪汪汪；会感激一个侍妾的体贴与理解；会珍惜老妻的陪伴，满足她的凤愿。

他或许不完美，但他如此真挚。

人人都应该走近苏轼，他的豪迈不羁，他的旷达洒脱，他的飘逸倜傥，他的深重苦难，都是一本活教材。

有了他，整部宋词才熠熠生辉。

1. 十年两茫茫

1054年，巴蜀眉州，山清水秀。

苏轼结婚了，娶了青神县的闺秀，那一年，他十八岁，她十六岁。

谨遵父母之命的苏轼，也许不知道，这个女子将在他的生命中书写浓墨重彩的一笔。

她安静聪敏，端庄贤淑，是个典型的贤内助。她常陪伴苏轼读书，红袖添香，他偶尔遗忘字句，她会在旁边轻声提醒。两人夫唱妇随，朝夕相伴，幸福的日子如清泉般汩汩流淌。

1056年，二十岁的苏轼已是学有所成，于是父子三人从眉州出发，前往京城考取功名。不出所料，在第二年的科举考试中，苏轼大放异彩，金榜题名，一举成名。

1061年，苏轼被朝廷下派，举家搬至陕西渭水之滨，担任凤翔签判。这对恩爱的小夫妻，从此离开父母长辈的庇护，开始经营起自己的家庭。

苏轼天性豪爽旷达，在他眼中，天下无一不好人，他对人从不设防，这让作为妻子的她很是担忧。于是，每有同僚下属登门拜访，她就静坐于屏风后，听苏轼与客人交谈，客人走后，她款款而出，轻言细语告诉他此人品行优劣。

有时候，苏轼甚至把工作中遇到的难事拿来问她，她也能对答如流。

苏轼又爱又叹，对这位娇妻更多了几分敬重。他们无话不谈，琴瑟和鸣，感情越发深厚。

从帝都汴京到陕西凤翔，她陪伴苏轼度过了四年的宦海生涯。

然而天妒红颜，1065年，由于重病不治，二十七岁的她抛下挚爱的丈夫和幼子，撒手人寰。

苏轼肝肠寸断，他亲手安葬了她，将她的灵柩运回眉山，并在她的坟前种植了三万株松树。每当风过，松间窸窸窣窣，如同故人倾诉，回忆过往的恩爱点滴。

那时，苏轼的心，无时不在啼血。

1069年，轰轰烈烈的王安石变法拉开大幕。本着切实为民的原则，苏轼对新法的弊端进行了无情的抨击，为此，他不断被新党排挤，远离京城，辗转奔波。

那些年，宦海浮沉的路上，到处是他落寞萧索的身影。

1075年，在她逝世的第十个年头，苏轼已转任密州太守。此时的他已是鬓发斑白，年届不惑，但他无法放下她。

君埋泉下泥销骨，我寄人间雪满头，不知道何年才能再相见。内心凄苦的他，蘸着月光，泪眼婆娑地悼念亡妻：

十年生死两茫茫，不思量，自难忘。千里孤坟，无处话凄凉。纵使相逢应不识，尘满面，鬓如霜。

夜来幽梦忽还乡，小轩窗，正梳妆。相顾无言，惟有泪千行。料得年年肠断处，明月夜，短松冈。

这首《江城子》是千古绝唱，亦是千年伤心，都只为她。

她是王弗，苏轼的结发妻子。

她给了他，这尘世里最深的温柔和相思。

2. 生死同衾眠

时光如水，风流云散，去日无声。王弗离开三年，苏轼孤苦了三年，然后，他迎娶了新妇。

她是王弗的堂妹，性格温顺，知足惜福；她体贴能干，陪着颠沛流离的苏轼，给他无微不至的照顾。

1074年，苏轼担任密州太守，恰逢密州遭遇旱灾、蝗灾。是她，陪苏轼奋战在救灾第一线；

1079年，震惊天下的"乌台诗案"爆发，苏轼以莫须有的罪名被打入监牢，九死一生。是她，陪在苏轼身边不离不弃；

1080年，苏轼被贬谪至黄州，衣食无着，出入被监视。是她，陪苏轼开荒种地，躬耕养蚕……

那些凄风苦雨的日子，那些不堪回首的磨难，都是她默默地守护在苏轼身边，给予他温暖和支持。可以说，有了她，才有了涅槃重生的苏轼，才有了那些从痛苦中酝酿而出的佳作。

前后《赤壁赋》《寒食帖》《念奴娇·赤壁怀古》等传世名篇，背后都有她瘦弱的身影。也因如此，苏轼格外敬重她，或许还有说不出口的感激，那是他人生中最动荡的岁月，亦是他人生中最重要的二十五年。

怎奈造化弄人，他们好不容易踏平坎坷，疾病却又一次把深爱的人从苏轼的身边夺走。

1093年，四十六岁的她于悄无声息中离开，告别了那些风风雨雨和沉浮。

她死后，苏轼失声痛哭："惟有同穴，尚蹈此言！"他说到做到，八年后，他追随她的脚步而去，两人最终合葬在了一起。

她是王闰之，是最贤惠的妻。

她给了苏轼，最长情的陪伴。

3.西湖如西子

王安石变法如火如荼地进行，由于反对新法，1071年，苏轼被排挤出京城，担任杭州通判。

1073年，阳春三月，烟雨氤氲，莺飞草长。苏轼和她，便邂逅在美丽的西子湖畔。

那时的她，只有十二岁，是名歌妓，亦是个小小的可人儿。虽然出身低微，可她空谷幽兰的气质惹人怜爱。

第一次见到她，苏轼因世事变迁而黯淡的心顿时明亮起来。他用《饮湖上初晴后雨二首·其二》，写下对她的赞美：

水光潋滟晴方好，山色空蒙雨亦奇。

欲把西湖比西子，淡妆浓抹总相宜。

她成为苏轼的妾室。名为妾，实为知己，只有她，明白苏轼的一肚子不合时宜。

苏轼吟诵"枝上柳绵吹又少，天涯何处无芳草"，她泪如雨下；苏轼心直口快，被人算计，会被她一句恰到好处的幽默化解。

晚年的苏轼，被贬到蛮荒之地惠州，流离转徙，所有的家仆皆散去。只有她，一如既往地跟着他，跋山涉水，不离不弃。

由于惠州多瘴气，身体虚弱的她染上瘟疫，终日与药为伍，最终还是没能战胜病魔，匆匆告别了这个世界，年仅三十五岁。

弥留之际，她紧紧握住苏轼的手，不愿松开，含泪劝他不必难过。她说，人生本该如此，有他陪她，这么多年，她很知足。

苏轼的心在滴血。是他一直亏欠她，这些年，她陪伴自己风雨飘摇，未曾过上几天安稳日子。

她的手逐渐变冷，最后从苏轼的手中滑落。她走了，世界上最懂他的那个人去了。

苏轼心如死灰，从此鳏居而终。

他把她葬在惠州西湖，为她筑六如亭：一切有为法，如梦幻泡影，如露亦如电，应作如是观。

他用世间最纯洁、唯美的词句，赞颂她：

玉骨那愁瘴雾，冰姿自有仙风。海仙时遣探芳丛。倒挂绿毛幺凤。

素面翻嫌粉涴，洗妆不褪唇红。高情已逐晓云空。不与梨花同梦。

这首《西江月·梅花》明为咏梅，实则悼之。

繁芜尘世，满怀凄凉。茫茫人海，知交零落。

人生，终其一世，有幸得一知己，足矣。

她是王朝云，是苏轼最宠爱的小妾。

她给了苏轼，最无言的理解。

4. 多情应笑我

白驹过隙，云烟变幻，花开花谢，沧海桑田。

伟大的苏轼离开我们已有千年，但他的风神姿态，早已立于岁月之上。

他是璀璨夺目的，更是独一无二的，他的惊天才情，以及豪迈洒脱的性格，常被人们谈起；他的三段曲折爱情经历，更是令后人唏嘘不已。

　　岁月于他，太过寥落，太过幽暗，所幸，有着三位依次出现的温婉女子。

　　她们，温柔了他的如梭岁月；她们，也惊艳了他的荏苒时光。

　　他真诚地爱过她们，在他的生命中，她们红袖添香、祸福与共、温柔相伴，温暖了他的生命。

辛弃疾：男儿心如铁，试手补天裂

如果一定要在古代文人中择偶，那么，辛弃疾是当之无愧的热门人选。

他是真正的文武双全之士，文能提笔落烟霞，与苏轼齐名；武能上马定江山，承岳飞风采。

他是实打实的男子汉，心如铁，志如虹，一生为收复河山奔波。在朝为官也好，闲居山林也好，始终把家国担在身上。

他也是别人家的孩子，样样出色，将军、能臣、书生……就没有他做不好的事。刚中有柔，粗中带细，简直堪称完美。

谁能拒绝辛弃疾呢？侠骨柔肠兼备，开口就是"醉里挑灯看剑"……

1. 当年驰铁马

在《三国演义》里，形容某位将军英勇非常，会说"于万军之中取上将首级，如探囊取物"。

这并非妄言，辛弃疾就能做到。

辛弃疾是山东济南人。在他出生时，"靖康之耻"已经过去十几年，北宋早已灭亡，山东早已成了沦陷区。

时间并没有消解辛弃疾对故国的怀念，他拉起了一支队伍，和金兵打起了游击。队伍渐渐有了名声，他打算投靠义军首领耿京，不想，辛弃疾的朋友，一个叫义端的和尚，偷了帅印投降金兵。

耿京要杀了辛弃疾，辛弃疾立下军令状：给我三天，我一定抓到义端，否则，甘愿就死。

辛弃疾带了一队人马去追，直追到金兵营帐中，那义端也知辛弃疾的厉害，马上跪地求饶："辛大将军，你面如青兕，你力大无穷，你勇猛过人，就饶了我吧。"

辛弃疾手起刀落，义端身首异处，勇猛得不要太过分。

英雄的事迹不止这一件。

在辛弃疾去南宋联络的时候，耿京被叛徒张安国杀害了，等辛弃疾回到山东，张安国已经做了济州的知州。

辛弃疾集了五十人马，到济州求见张安国。张安国和金将喝了酒，正得意，辛弃疾直接擒住张安国，带领众人突围而归，金国人追都追不上。

这一年，他才二十三岁。

后来，辛弃疾用"想当年，金戈铁马，气吞万里如虎"来形容南朝宋武帝刘裕，其实，这又何尝不是青年辛弃疾的写照呢？

勇敢、能承担，这是一个男子汉必备的品质，也是辛弃疾的最好写照。

处在敌占区，而不忘故国，是为忠；深入敌军中，擒杀叛徒，是为勇；为主帅报仇，只身犯险，是为义。

辛弃疾又岂是一个字可以完全概括的呢？

2. 东家种树书

辛弃疾南下归宋，矢志抗金，一生未休。

尽管他不能驰骋沙场，却依然不忘抗金事业，埋头写就《美芹十论》，详细分析敌我双方情况，建议进军山东，再图中原，因为金国在山东的军事部署相对薄弱……

富有战略眼光的《美芹十论》，并未被采纳。可辛弃疾逮着机会，就会陈述自己的主张，践行自己的想法。

他在湖南当安抚使，就整顿军纪，令出必行，建立了一支"飞虎军"。这支飞虎军在南宋地方军队中，虽然不是人数最多的一支，却是战力发挥最大、持续时间最长的一支。

后期南宋正规军不堪大用，地方军队纷纷建立，飞虎军作为代表，屡屡被调往前线战斗，声名显著，其实力可见一斑。

辛弃疾有想法，有能力，有追求，也有志向，却一生不得志。

他是北方的"归正人"，朝廷总有猜忌，不愿予以高职。

《康熙济南府志·人物志》记载，辛弃疾临终时，大呼："杀贼！杀贼！"

故事不知真假，但是，辛弃疾矢志抗金的想法从未动摇，这是毋庸置疑的。哪怕人到晚年，他还写下"却将万字平戎策，换得东家种树书"，道尽无法实现夙愿的感慨。

矢志报国，上阵杀敌，堪称热血；历尽坎坷，不改初心，堪称坚韧；一腔肝胆，百折不挠，堪称刚毅。

辛弃疾又岂是一个词可以完全概括的呢？

3. 豪气大丈夫

在军中，在政坛，辛弃疾有勇有谋有原则；在为人交友上，辛弃疾豪气干云。

辛弃疾辞官后，开始了在上饶的闲居生活。

有一天，一个叫陈亮的人来拜访辛弃疾，两人一见面，喝酒畅谈，好不痛快。醉后，倒头就睡。可陈亮刚刚经历了一场牢狱之灾，心里犯了嘀咕：这辛弃疾刚刚说话不多，会不会杀我灭口呀？

他晚上起来，偷了辛弃疾的一匹马，走了。逃走几个月，陈亮给辛弃疾寄来书信：借我十万块。

辛弃疾如数与之。后来，陈亮再访辛弃疾，两人成了好友，抗金是两人最爱谈的话题。

送走陈亮后，辛弃疾写下名作《贺新郎·把酒长亭说》，陈亮回了一首，辛弃疾又写了一首，来来回回，各写了三首诗，由此可见两人情谊之深。

结交好友，只因志趣相投而不计前嫌，辛弃疾让人好生敬佩，正应了那句"惟大英雄能本色，是真名士自风流"。

辛弃疾还和朱熹交好。朱熹去世时，他的学说被定为"伪学"，昔日的门生朋友，没人敢去吊唁，只有辛弃疾不畏禁忌，前往哭祭，还留下了一句流传千古的悼词：

所不朽者，垂万世名，孰谓公死？凛凛犹生！

有这样一个豪气干云的朋友，朱熹泉下有知，亦会感到安慰吧！谁见了不会羡慕地说一句：这样的朋友，请给我来一打。

待人真诚，待友侠义，这样的人，不是男子汉，是什么呢？

孟子说："富贵不能淫，贫贱不能移，威武不能屈，此之谓大丈夫。"

辛弃疾就是如此！

他武能上战场杀敌，文能写就治国方略；他对国家忠义，对友人侠义；他走到人生尽头，依然不忘初心。

如果世间有男子汉，一定是辛弃疾这样的吧！

李清照：堪怜咏絮才，千古女词家

在宋朝，一个妇女想要离婚有多难？

首先，丈夫一定要有恶劣行径或犯罪事实，妻子才可以离婚；其次，妻子不能主动提，必须要由男方写休书。

问题来了，李清照很想离婚，那她现在必须要先证明丈夫有错。她的丈夫确实有错，曾经在科举资格上动过手脚，但是，如果她要告发这件事，她自己也要坐牢。

因为宋朝的律法说了，妻子告发丈夫就得服刑。李清照并没有犹豫，她宁愿坐牢，也要把这桩婚给离了。

很难想象吧？我们印象中那个伤春悲秋的女词人，其实是个恣意自在的硬骨头，虽为女儿身，实有男儿骨。

1. 喝酒与赌博

身为大宋第一才女，李清照的爱好竟然是喝酒。

"断香残酒情怀恶""浓睡不消残酒""险韵诗成，扶头酒醒""酒盏深和浅""酒阑更喜团茶苦""东篱把酒黄昏后""愁浓酒恼""酒美梅酸"……在李清照的《漱玉词》中，"醉"出现了十一次，"酒"出现了十九次。

整部《漱玉词》似乎都在说：我要喝酒。

某日傍晚，和姐妹们聚餐的李清照喝醉了，大家醉眼蒙眬，划着小船，到了藕花深处，惊起池塘里的鸥鹭，于是便有了千古名篇《如梦令》。

还有某日清晨，李清照刚刚从宿醉中醒来，昨晚喝多了，还有些头疼，她怏怏地由婢女打扮，心情不是很好。这时，又看到窗户外面的海棠花凋了，显然是昨夜风雨摧残的，她心情更不好了，于是便有了另一篇佳作《如梦令》。

除了喝酒，她还喜欢打马，也就是古代的赌博。

李清照不仅是打马高手，还写过一篇《打马图序》。文中一开头就说：你们赌博为什么不能像我一样精通呢？赌博其实没什么技巧，找到抢先的办法就好了。只有专心致志地赌，才能立于不败之地。

她煞有介事地分享经验："博者无他，争先术耳，故专者能之。"这还不算，她还在文章中列了二十多种赌博游戏方式。

这成何体统？名门闺秀竟是赌鬼？有人嫌她鄙俗，有人笑她只是凭借运气，还有人斥责她玩物丧志，但她不在乎，玩得不亦乐乎，并且精通此道，根本找不到对手——瞧瞧，李清照俨然是个"赌博专家"。

为什么不成体统？谁说女孩子一定要束手束脚地待在闺阁里？难道李清照就只能是大家印象里的忧愁伤怀或感念故国吗？她也有明媚活泼的一面。

2. 多才与多艺

1084年，山东章丘明水镇一处齐整的院落里，忽然传出一阵婴儿响亮的啼哭声。

一个名叫李清照的小女孩，懵懂地来到了人世。她是幸运的，降生在一个书香世家，父亲博学多识，母亲温婉明理，她自小备受宠爱。

少女时期的李清照，得到父亲李格非悉心的教导，聪慧开朗，多才多艺，生活无忧无虑。

她可以大摇大摆地钻进父亲的书斋，读书习字，学累了，就约上几个小姑娘，去荷塘采莲，去花园斗草，去湖边泛舟。如这首《如梦令》中所写：

常记溪亭日暮，沉醉不知归路。兴尽晚回舟，误入藕花深处。

争渡，争渡，惊起一滩鸥鹭。

夕阳西下，彩霞漫天之际，一群带着醉意的小姑娘，划着小船在碧绿的荷叶间穿梭喧闹。荷花的亭亭玉立，蓬勃艳丽，也许是李清照少女时代最好的写照。

那时的她，有着花一样的年华，花一样的梦。

那时的她，又哪里能想到，所有命运的馈赠，都已在暗中标好了价格。

十五六岁时，李清照写出了一首名震朝野的《如梦令》：

昨夜雨疏风骤，浓睡不消残酒。试问卷帘人，却道海棠依旧。知否，知否？应是绿肥红瘦。

这首词在当时受到的称誉可说无以复加，"文士莫不击节赞赏"。

一颗新星，正在词坛上冉冉升起。

3相爱与相思

十八岁那年，李清照嫁给了二十一岁的太学生赵明诚，缔结了一段令时人钦羡不已的美满姻缘。从此，她告别了青春烂漫的少女时光，走入了婚姻和家庭。

最初，两人琴瑟相知、诗文相和，生活过得美满而充实。每逢初一、十五，赵明诚便请假到相国寺购买碑文拓本，还不忘给李清照带回一些她喜欢吃的干鲜果品。

可惜好景不长，随着元祐党争，李家与赵家决裂，李清照不得不与丈夫分离，忍受离别之苦。

"莫道不销魂，帘卷西风，人比黄花瘦。"这千古名句，可以说写尽了小女儿的心思。政治是无情的，但这双新婚夫妻有什么错？他们被迫分离，饱受相思。她日渐枯萎，如同秋风中的菊花，消瘦得不成样子。

但菊花也是凌霜不惧的花，李清照又何尝不是在隐喻：虽然经此分离，但我的心意不会改变。

1107年，曾经深受皇帝信赖的赵明诚一家，被复相后的蔡京诬陷，不久，赵明诚的父亲去世，赵明诚失去了家族荫封的官职，不得不屏居青州老家。

青州十年，对赵家来说是低谷与打击，对李清照来说，却是平生少有的和美岁月。

在《金石录后序》里，她写道：在这闲居的十年间，两人衣食无忧，专注于金石收集，得到书画和酒器，便一起摩挲把玩，指摘上面的毛病。

每次吃完饭，两人便一起坐在归来堂上烹茶，互相猜典故的出处，猜中的便能先饮茶。清词大家纳兰容若"赌书消得泼茶香"的典故，便是出自这里。

可叹"好花不常开，好景不常在"，1117年前后，赵明诚再度离家，又开始忙于仕途。1121年，赵明诚被任命为莱州郡守，他立刻走马上任，却把李清照独自撇下了。

待到李清照处理好家务，从青州一人迢迢赶到莱州，迎接她的却是一间陈设破败的房屋和丈夫的冷漠。纵然是心有准备，她依然难抑心中悲戚。这时的赵明诚，不但纳了妾，还蓄养了歌妓。

她并没有一味地消沉，也试图缓和两人的关系。她像从前那样，在雪天出行，约上赵明诚一起赏梅花、作新词，但赵明诚颇不耐烦，不复从前的甜蜜。

就在夫妻日渐疏离的时候，金兵的铁蹄踏过来了，霎时间，山河破碎，天地一片凄风苦雨。

1126年的春天，金人渡河，攻陷京师。次年五月初一，金兵俘虏了徽宗、钦宗及后宫宗室数千人，抢夺大量财物北去。

整个汴京为之一空，北宋由此灭亡，史称"靖康之乱"。

康王赵构即位于南京应天府（今河南商丘），是为高宗，改元建炎，史称南宋。

时代的风雨以如此猝不及防之势袭来，每一个身处其中的人，都逃脱不开。

赵明诚因奔母丧南下金陵，此时，处理青州那批珍贵收藏的重担便全部落到了李清照的肩上。她倒是临危不乱，在此刻显出了过人的胆识与魄力，把两人收藏多年的文物进行整理、遴选，忍痛去掉沉重的古器和不甚贵重的画作书籍之后，仍是装了十五车。

在几个仆人的护送下，李清照踏上了南下的旅程。历尽千辛万苦，终是将这一大批稀世珍宝押抵金陵，完璧归"赵"。

1129年，赵明诚任江宁知府，就在这年，他却做出了一件令李清照羞愧万分的事情——弃城出逃。

当时有叛军图谋不轨，驻兵城外，赵明诚竟旁视不理。在叛兵起乱时，他更是不顾百姓安危，从后城墙上吊下绳子，攀绳而下，仓皇而去，弃城而走。

李清照的心里会是何种滋味呢？她的丈夫不仅扔下她，也扔下了满城无辜的百姓，扔下了几十年的礼仪教养。

她一定是失望而难过的。因为，就在这年夏天，她与赵明诚经过乌江，不知是有意还是无意，她写下了笔力千钧的名作《夏日绝句》。

生当作人杰，死亦为鬼雄。
至今思项羽，不肯过江东。

李清照的诗词多清新婉丽，很少有这样壮怀激烈的诗作，但这并不代表我们能抹去这位女子的爱国之心和刚健之气。

这年五月，赵明诚接到朝廷任命，着他立即前往湖州赴任，他再次扔下了李清照。

李清照不是不怨的，她后来在文字里回忆，她质问他自己该怎么办，用了"恨声"两字。

但她万万没有想到，这一别，就是永远，再多的怨也落空了。

依照当时的惯例，任官者需先面圣，此时的宋高宗，刚从扬州出逃，暂居于江宁，并把"江宁"更名为"建康"，赵明诚一路车马劳顿，又逢气候酷热难忍，刚赶到建康，已是疟疾缠身。

李清照得知消息后，连夜启程，匆匆赶往建康，却还是晚了。八月十八日，赵明诚挣扎着留下一首绝命诗，就此而去。

这一年，明诚四十九岁，清照四十六岁。

李清照大病了一场，曾经所有的怨与恨，都在此时，化作了绵绵不绝的爱与不舍。

4. 柔弱与刚强

赵明诚刚去世，就有金兵南犯，李清照只得从深挚的悲伤中勉强走出，带着沉重的书籍开始逃难。

她从建康出逃，一路追随着高宗皇帝逃亡的线路，经越州、明州、奉化、宁海、台州，一直漂泊到海上，又过海到温州。

世乱流离之际，她却要以柔弱的身躯，自己雇船、求人、投亲靠友，带着夫妇两人半生收集的文物书籍，苦苦支撑。

不管是为了赵明诚生前所托，还是出于她对收藏的热爱，这些文物舍命也不能丢！她知道以一己之力恐怕难以保全，便想要追上皇帝，将文物送给朝廷。可惜她没能追上。

随身带着的五大箱文物都被贼人破墙盗走，寄存在洪州的两万卷书、两千卷金石拓片也被焚掠一空。无论李清照再怎么刚强，终究也只是一个柔弱女子，国破，家亡，夫死，毕生心血也损毁殆尽。

她居无定所、身心憔悴，此时，诗词是她唯一的安慰与宣泄之所。《声声慢》即是这一时期所作。

寻寻觅觅，冷冷清清，凄凄惨惨戚戚。乍暖还寒时候，最难将息。三杯两盏淡酒，怎敌他、晚来风急？雁过也，正伤心，却是旧时相识。

满地黄花堆积。憔悴损，如今有谁堪摘？守着窗儿，独自怎生得黑？梧桐更兼细雨，到黄昏、点点滴滴。这次第，怎一个愁字了得！

李清照因愁苦过甚，终于病倒了。在这时，一个叫张汝舟的人乘虚而入，不仅频频献殷勤，更对病中的李清照关怀备至，一再遣媒撮合。

也许是为了从悲痛中走出，也许是需要一个依靠，李清照勉强答应了这桩婚事。

婚后，张汝舟很快显示出自己的真面目，他娶李清照竟是为了占有她仅存不多的文物，在李清照不从后，便对其拳脚相向。为了脱离苦海，李清照便让弟弟帮忙调查张汝舟，收集他虚报考试次数的证据，将其告上了朝廷。

依据宋律，女人告丈夫，无论对错输赢，都要坐牢两年。

这自然是极大的不公，可是李清照不惧，她宁愿受皮肉之苦，也决不能接受精神上的奴役。

一个十七岁时就写出"九坊供奉斗鸡儿，酒肉惟中不知老"，鞭挞北宋末年腐败朝政的人；一个在国破家亡之际，立誓"欲将血泪寄山河，去洒东山一抔土"，满怀豪情壮志的人；一个呐喊着"木兰横戈好女子，老矣谁能志千里，但愿相将过淮水"的人，是何等的刚烈与魄力。

她或许会为了挚爱的离去而苦痛悲伤，却绝不会在无耻之徒面前显出半点的软弱与妥协。最终，经过刑部官员的审问和勘察，张汝舟被定罪，而李清照在朝中亲友的帮助下，在狱中待了九天就出狱了。

她顺利解除了与张汝舟的婚姻关系，却也因此遭受了无数卫道士的诽谤、辱骂与责难。比如南宋文人王灼，他在词曲评论笔记《碧鸡漫志》中，斥责她"闾巷荒淫之语，肆意落笔，自古缙绅之家能文妇女，未见如此无顾忌也"，持着儒家礼教的偏见，对李清照大肆批判。

但千古只有一个李清照，她的离经叛道，恰恰是她最大的魅力。她把对女性不公的教条都抛之脑后，在那样一个很不风流的时代，活得文雅而风流。

董小宛：秦淮绝艳色，所嫁非良人

说起秦淮八艳，真的有太多故事了。

一条秦淮河缓缓而过，永远流不尽儿女泪、洗不尽脂粉色，也带不走丝竹音。秦淮八艳，则是这条长河里最惊艳的浪花，虽短暂，却传奇。

董小宛就是秦淮八艳之一，是无数文人心头滴血的红玫瑰，是传说中身世迷离的董鄂妃，是影视剧里一笑倾城的红颜祸水。

其实她的故事很简单，说到底，是薄幸郎君，误了卿卿红颜。

1. 与君初相识

1624年，一个叫董白的小女孩出生于苏州城内董家绣庄。

江南小桥流水的陪伴，杏花春雨的滋润，加之诗文书画、针线女红的熏陶，共同造就了她亦刚亦柔的性灵。

在她十三岁那年，父亲因暴病撒手人寰。失去倚仗的她与母亲相依为命，苦苦维持绣庄的生意。然而，当时天下局势日益动荡，孤儿寡母的日子实在难以为继。

生意日渐清冷，又加上奸诈伙计的图谋盘算，绣庄面临破产。这时，母亲又一病不起，大批债务缠身，董白不得不违背自身孤高傲岸的性子，在别人的引荐下，来到秦淮河畔的画舫，易名董小宛。

从此，秦淮河岸便多了一位绝色佳人，两岸风光亦平添了些许风姿妩媚。

到十六岁时，董小宛便凭着自己秀丽的容颜、脱俗的气质，名震秦淮。

1639年，当时名列"复社四公子"之一的冒襄来金陵赶考，对名声颇大的董小宛很是好奇，想要与佳人一会。

然而天不遂人愿，冒襄几番拜访，都与董小宛擦肩而过，这反倒加深了二人对彼此的兴趣。

终于，在苏州半塘，两人初次会晤，隔帘相谈。

彼时董小宛夜饮归来，醉倚床头，柔情绰态，几令冒襄忘了言语。同样，冒襄的俊秀风姿、文采气度也令董小宛为之心折。

自这番相见后，董小宛便对冒襄芳心暗许。从此，她摒去一切达官贵人的邀请，宁愿卖掉珍藏的书画，简朴度日。

然而才子多情，冒襄自万花丛中过，何曾染片叶沾身？他爱她是真的，却不独独爱她，他似乎忘了秦淮河畔还有一位女子在苦苦等待，忘了自己的一时兴起如何惊扰了一池春水，反而与另一位名叫陈圆圆的女子浓情蜜意。

2. 从良为人妇

就在冒襄和陈圆圆即将成婚之际，陈圆圆被人劫掠而去。

冒襄考场失意，又听闻此消息，抑郁之气难平。这时，他才想起秦淮河尚有一位董小宛。

待到两人相见时，董小宛已是病卧床榻，奄奄一息。即便如此，她见到魂牵梦萦之人，仍是含着柔情："我十八天来昏沉沉如在梦中，今天一见到君，便觉神怡气旺。"

她这般坦率赤诚，这般柔情缱绻，却只换来冒襄的支支吾吾和狼狈告辞。

出来猎艳的男人，遇到用情太深的女人，犹如钓鱼钓到了白鲨。但凡他还有一丝良心不安，他也会选择放生的。

董小宛不知道，这已暗暗指向她人生的悲剧，那个男子最爱的永远是他自己。

她那时尚且喜悦，盛装艳服，设宴为冒襄送行，这一送，就是二十七天。

她本该被千万人逢迎追捧，却被一个人几次三番拒绝，偏偏还痴情不改。冒襄终究撇下了她一人，只留下了一句空口承诺。

他不是不知道董小宛对他的深情，只是董小宛的爱太浓烈太纯粹，他的爱却太浅薄太自私。为青楼女子赎身需要一大笔钱，他怎肯为一场艳遇舍弃家财？

他从未把董小宛看作与他平等的人，他永远用俯视的目光看着董小宛对他的一腔付出。他是堂堂须眉，是"复社四公子"之一，是家世高贵、风流俊秀的翩翩公子，而她终究只是一个青楼女子，再美，也形同玩物，随意丢弃也不痛不痒。

只因怕被冒襄忘记，董小宛不惜冒死，寻到第三次赴金陵科考的冒襄。可惜，这样的痴情感动了旁人，却感动不了她最爱的那个人。

幸而，在名流钱谦益、柳如是的斡旋及慷慨解囊下，董小宛如愿嫁入冒门。

但这并不是结局。童话故事里，总是以王子与公主幸福地生活在一起结局，可究竟有多幸福呢？作者永远不会写出来，因为现实其实只有一地鸡毛。

多年后，董小宛因病去世，冒襄在《影梅庵忆语》中悼念，他说："今忽死，余不知姬死而余死也！"

如今你死了，我才知道我也随着你一同死去了。

若是董小宛听到这句话，应当会很高兴吧！可这也只是一句空话，口头上的深情罢了。

她这一生，终究是错付了。

《影梅庵忆语》里写到董小宛在冒家的种种辛劳："倾盖矢从余，入吾门，智慧才识，种种始露。凡九年，上下内外大小，无忤无间。其佐余著书肥遁，佐余妇精女红，亲操井臼，以及蒙难遘疾，莫不履险如夷，茹苦若饴，合为一人。"

她是知己，为冒襄红袖添香；是姜室，为冒襄纺线绣花；是奴仆，为冒襄操持家务。她甚至是不顾生死的大夫，在冒襄患了严重痢疾时，她衣不解带，茹苦含辛。冒襄最终痊愈了，而她却因积劳成疾，年仅二十八岁便香消玉殒。

而冒襄呢？李自成攻破北京城后，天下大乱，冒襄一家逃亡时，冒襄一只手扶着老母亲，一只手拉着妻子，回头对跟在身后的董小宛说："你要走快点呀，跟着我。跟不上，我可就管不了你了！"

这就是董小宛痴爱了一生一世的男人。

后世人多赞誉《影梅庵忆语》中冒襄的种种深情，却读不懂董小宛的满腹辛酸，无限心疼。

毕竟一曲忆完，他仍是翩翩公子，继续着他偎红倚翠的风流浪荡，即使魂梦里偶一瞥见旧人身影，醒来也只作春梦无痕罢了。而世间再无董小宛，她低到尘埃里，也没能开出花来。

3. 来生勿逢君

作为秦淮八艳之一，董小宛能为后人津津乐道，不只为着她绝美的容颜和凄恻的爱情，还为着她一身才情。她琴棋书画皆工，诗词文赋皆晓。

董小宛精于绘画，有《彩蝶图》流世，被后人誉为佳作。据说作此画时，她年仅十五岁。

在书法上，她亦颇有造诣，还独立编成《奁艳》一书，书中记着种种瑰异精秘之物，无所不包。只可惜，此书没有流传下来，据说在董小宛去世时被付之一炬，其中种种奇情雅趣，我们已无缘得见。

于诗文一途，她更是如痴如醉，"午夜衾枕间，犹拥数十家《唐诗》而卧"。

更值得一提的是，董小宛特别擅长烹饪。冒襄喜爱甜食、海味和腊制熏制的食品，董小宛便虚心求教各位名厨，耐心考证食谱。

冒襄在《影梅庵忆语》中盛赞她的手艺："火肉久者无油，有松柏之味；风鱼久者如火肉，有麂鹿之味。"她将乡土名菜进行改造加工，被文人食客誉为"董菜"，她也以"善作海疆风熏之味"而名噪一时。

酷暑之时，她会亲手榨取桃子汁、西瓜汁，细火煎熬做成桃肉膏子、西瓜膏子。至于"入口易化、老少咸宜"的董糖更是流传至今，令人口舌生香。

她还擅香道、精园艺，且最爱月。曾有此议论："人生攘攘，至夜不休，或有月未出已酣睡者，桂华露影，无福消受。与子长历四序，娟秀浣洁，领略幽香，仙路禅关，于此静得矣。"

其实，董小宛尤为后人赞叹的，是她的气节。

董小宛生于明清之交，社会动荡不安，满洲贵族南下，做出扬州十日、嘉定三屠等种种血腥暴行。她虽是弱女子，却满怀激愤，劝告冒襄，在任何情况下，都不应和满洲贵族合作。

多么可惜呀，这番心志，丝毫不输柳如是，也是一个风骨凛然的奇女子。然而，她为一个并不值得的男子，消磨了半生的情爱，白白消耗了绝世的才情和清高的气节。

其实何必呢，何必在一场糟糕的爱情里拖垮自己？爱情终究不是人生的全部，好好爱自己，比任何一件事都更加重要。

宋祁：红杏俏尚书，多情佳公子

《苕溪渔隐丛话》里记载了一个有趣的故事：

有天，北宋词人宋祁经过张先家，向门里喊道："尚书欲见云破月来花弄影郎中。"张先听到后，也在屋内大声应道："莫不是红杏枝头春意闹尚书？"

"云破月来花弄影郎中"，指的是张先，他凭借《天仙子》里"沙上并禽池上暝，云破月来花弄影"一句，名动一时，而"红杏枝头春意闹尚书"，指的自然便是宋祁。

"宋祁是谁？"

宋祁，字子京，北宋文学家、史学家、词人，与兄长宋庠并有文名，时称"二宋"。他与欧阳修合撰过《新唐书》，也写过很多词作，在群星荟萃的宋代词坛上，确实称不上是一流词人，可令人惊奇的是，他的知名度还挺高。

这多亏了一首《玉楼春》，确切地说，是多亏了一句"红杏枝头春意闹"。

因为它，宋祁赢得了许多大词人乃至当朝皇帝宋仁宗的青睐，也赢得了后世的称赞，从此被冠上了"红杏尚书"的名号。

1. 宋家双状元

"恭喜老弟，这回你考得比我好，赶紧准备请我好好喝一顿吧！"

"没问题，前面那一溜酒楼任老哥你挑！"

1024年，来自河南雍丘的兄弟俩宋庠和宋祁一起进京赶考。寒窗苦读数十载，功夫不负有心人，二十多岁的兄弟俩双双进士及第。

殿试结束，弟弟宋祁位列进士一甲第一名，宋庠为探花，这成绩足以让他们的老爹做梦都笑醒了。可是，还没来得及嘚瑟的宋祁怎么也没想到，煮熟的鸭子也会飞。

放榜出来，状元分明是哥哥的名字。

自己的名字呢？宋祁的第一名像是凭空被盗了一般，莫名其妙就变成了第十名，他想不通天下最荒唐的事怎么就被自己给碰上了。

宋祁如遭当头一棒，哥哥也没高兴到哪里去，生怕从此要生嫌隙了。

原来，当时仁宗皇帝年幼，摄政的太后刘氏脑袋一热便说："哥哥就应该排在弟弟前面，否则就是违背人伦常理。而且，前三名被兄弟三分其二，势必会招来非议！"

长幼有序，这个理由让宋祁只能乖乖接受，有再多不甘也只能悄悄在心底刨个坑，赶紧埋藏起来。

古训说得好，失之东隅，收之桑榆。这成绩一出，宋家兄弟俩便引起了大家的关注，状元从弟弟变成哥哥这个奇事，让兄弟俩名气更甚。

在民间，人们都愿意承认这次同科出了"双状元"，这一史无前例的"双黄蛋"事件让"大宋""小宋"都成为名动京城的大红人。尤其是宋祁，因为这个经历粉丝暴涨，收获无数爱怜和同情，这也为他以后的另一个传奇经历埋下了伏笔。

2. 风流宋尚书

常言道：人的一生，会有无数次擦肩而过，却不是每次回眸都能凝成相守。

那是一个微微燥热的初夏，宋祁下朝回家，天气令他胸中有些烦闷。繁台街车水马龙，他一个人独自溜达，思绪飘忽。

这时，一队豪华的马车迎面驶来。宋祁发现是宫中的车驾，于是退让到路边，俯首而立。

"呀！是小宋吗？"一声温柔的轻语，像夏日凉风忽地从他耳旁拂过。他没顾得上礼仪，抬起双眼，只见马车上的帘子微微掀起了一角，一双眼波流转的双眸正好与他相对。

时光仿佛在那一瞬间定格。

宋祁感觉到了怦然心动，而且是两颗心的共振。很快，帘子又放了下去，马车也很快远去，而宋祁却望着马车离开的方向站了许久，舍不得离去。

有时候，倾盖如故，有时候，一眼即是万年。

作为一个有名有钱有才还有颜值的型男，宋祁身边并不缺少莺莺燕燕，但是那一双如湖水般清澈的眼睛，却让他感觉到了前所未有的震撼。不过，他心里又清楚得很，那个女子是宫里来的，那可是皇帝的女人啊……身份如此有别，怕是此生都可能没机会再见了吧。

"小宋啊小宋，你可别做白日梦了！"宋祁一拍脑门，暗自嘀咕了一句。为了让自己不再想入非非，他决定重启他发明的"神仙办公模式"：他吩咐侍女点上香炉和两根巨大的红烛，大步走到书桌前，准备和往常一样来编写《新唐书》。而几位妙龄侍女就围在了他身旁，有的负责给他磨墨，有的负责给他打扇，有的负责给他端茶送水，还有的负责在旁边弹琴伴奏。

可是这一日，他却总是写错字，越写越烦躁，索性扔下了笔。

无心编稿的他决定提前去睡觉，一躺下来，他仿佛又听到了那句温柔的"小宋"。很快，他的心被愁云遮蔽，郁闷得透不过气来，躺在床上辗转反侧，已经到了夜不能寐的地步。

过了三更，仍然睡不着的他索性起来，在书桌前写下了一首"联句词"《鹧鸪天》。

画毂雕鞍狭路逢，一声肠断绣帘中。身无彩凤双飞翼，心有灵犀一点通。

金作屋，玉为笼，车如流水马如龙。刘郎已恨蓬山远，更隔蓬山几万重。

宋祁竟然把这个秘密毫不保留地写在了词里，祭奠这份还没能发芽就注定凋零的深情。很快，这首词就在京城传开了。

3. 御笔赐姻缘

没过久，仁宗皇帝就得知了此事。

"真不知道这小宋是从哪里借来的胆子！"仁宗开始追问当日出宫的宫女。

平日里，宫女们也会私下议论一下帅哥才子们，"小宋"的粉丝自然不少，可谁也不曾像那位马车上的宫女，追星追到全世界都知道。

既然皇帝已经问了，还有什么可瞒的呢？那位宫女心一横，主动坦白了："之前我曾在宴会中服侍，见到了那位才华横溢的翰林学士，都说他的状元被人顶替了，我就好奇地多看了几眼。那天我偶然在车上看见他，一时没忍住，就喊了一声。"

宫女说到这里，心里又慌又怕，皇帝倒是很淡定，不露声色地叫她退下了。

就在当日，宋祁接到了进宫的旨意，一路上，他的心里已经打起了小鼓：难道皇帝要找我问罪？

进了宫，他被侍从带到了后花园，一路上鸟唱虫鸣，他的心又慢慢安定下来：可能皇帝只是想让我作几首词娱乐一下吧。

仁宗皇帝正在假寐，十几个宫女正低声吟唱，宋祁一到，宫女们的歌声就变了："画毂雕鞍狭路逢，一声肠断绣帘中……"

宋祁腿一软，顿时跪了下来。

只见宋仁宗一脸严肃地问道："爱卿逢的是哪位女子呀？"

宋祁哪里还敢说话，更不敢表明自己爱慕那个宫人，只连声求皇帝恕罪。

见宋祁这样，宋仁宗又好气又好笑，说道"蓬山其实也不远"。他把那位宫女赐给了宋祁，下令择日完婚，成就了一段佳话。

此事一出，众人津津乐道。谁不艳羡宋祁呢？凭借一首诗词，抱得一个娇滴滴的美人归。

以词结缘的故事，在历史上其实有很多，譬如红叶传情，譬如寒衣缝诗，大家交口称赞，为故事里的才子和佳人祝福，也为故事里那位成人之美的君王叫好。

词，曾经是不被看好的消遣之物，是难登大雅之堂的，但诗词何曾有高低之分呢？情感也没有贵贱之别。暗恋也好，怨憎也好，相思也好，甜蜜也好，只要情真意切，哪怕再愚钝的人，也能透过笔墨感知。

读人概是读诗词的快乐，也是价值。时光杳杳，人事变迁，只有彼时彼刻的情是不变的，永远被封存在诗词里。每读一次，就被打动一次，也被感动一次。

就像宋祁，如果没有这阕词，我们怎么会知道他有过那么浪漫的爱情呢？

刘禹锡：沉舟千帆过，不负诗豪名

互联网上有这样一个提问：人生有多难？最高赞回答是："巴山楚水凄凉地，二十三年弃置身。"

是的，活着很难，生活压弯了很多人，让他们牢骚满腹，疲于奔命，忘却了诗与远方。但是，活着也没有那么难，永远有人在你看不到的地方咬紧牙关，与生活对抗，站在阴沟里仰望月亮。

刘禹锡无疑是后者。

他明明才华横溢，明明是为宰为相的料子，却一次次遭到生活毒打。贬，再贬，还贬，他在贬谪中度过了二十三年。

人生能有几个二十三年？但是，巴山楚水并没有消磨掉他的意气，他说："沉舟侧畔千帆过，病树前头万木春。"

日子还长呢，我刘禹锡和生活死磕上了！我不怕输！

1. 宦海沉与浮

"我叫刘禹锡，字梦得，是汉代中山王刘胜的后人，也算是一个皇亲国戚。"有些人天生就喜欢自吹自擂。

少年时期，老天爷还是很眷顾刘禹锡的。在793年到795年短短两年间，二十出头的刘禹锡居然连中三科，每次都是一考就中。

起初刘禹锡的仕途比较顺，三十一岁就被任命为监察御史。这官虽品级不高，权力却很大。后来又入东宫任太子校书。

只是没有谁会想到，他的人生就像"蓝天白云晴空万里突然暴风雨"。

805年，德宗驾崩，太子李诵登基，为唐顺宗。

新皇帝上任三把火，顺宗即位后立即重用王叔文、土伾等人进行"永贞改革"，刘禹锡也参与其中，信心满满的他准备大干一场。

但是，改革势必意味着一部分人的利益会受到影响。一要削藩，二要削减宦官权力，三要限制宫市，块块都是硬骨头，谁会傻等着自己的蛋糕被分走呢？更糟糕的是，改革团体内部也出现了分化，本就中风口不能言的顺宗也被迫下台，宪宗上位。

刘禹锡的厄运正式到来。改革领袖王叔文被赐死，刘禹锡和一起考上进士的好友柳宗元等，悉数被贬，这就是震惊朝内的"二王八司马事件"。

刘禹锡被贬为连州刺史。从天子身边的红人，陡然到被贬路上的没落客，他的心情不免有些沉郁愤慨。

走了半月有余了，连州还没到。一天，他坐在破旧的马车上赶路，荒郊野外，突然被人叫停了。

刘禹锡心头掠过一丝光亮，暗自嘀咕，莫不是另有转机？

拦住他的确实是圣旨："改授刘禹锡为朗州（今湖南常德）司马。"

刘禹锡满心无奈地领旨。当他再次出发时，忍不住仰天大笑，被贬刺史还没到任，又被贬到另一个地方当司马，感觉自己破了个历史纪录呢。

一阵凉风吹过，几片枯黄的叶子垂落到他的身上。他抬起头，看到天空有一排白鹤飞过，大笑吟道：

自古逢秋悲寂寥，我言秋日胜春朝。

晴空一鹤排云上，便引诗情到碧霄。

这首《秋词》一出，他真的破纪录了。

他打破了自战国时期以来伤春悲秋的慨叹，摒弃了宋玉"悲哉，秋之为气也"的抒情传统，把秋天写得豪气干云。

"逢秋"是时节，更是时运，但是他丝毫没有感受到寂寥，反而想成为"晴空一鹤"，一飞冲天，此等豪迈，实在鼓舞人心。

人生一世，我们无法左右命运，却可以选择怎样面对现实。

生命就像洪水奔流，指不定会在哪里遇到暗礁，莫悲伤，也不用害怕，毕竟碰撞才能让生命激起美丽的浪花。

我们不能保证自己能在任何时刻都掌握事态，但我们却可以学习刘禹锡，在任何时刻都掌控好自己的心态。

2. 初遇"桃花劫"

815年，朝廷召令刘禹锡和柳宗元回京待命。

在远离京都的边角旮旯沉沦了整整十年，能再次回到长安，刘禹锡心情有些激动：大展宏图的机会又来啦！一想到这里，刘禹锡就感到血液重新沸腾燃烧起来，忍不住想拉起与自己同进退多年的柳宗元，来高歌一曲。

回京时正好赶上初春时节，玄都观的桃花开得明艳动人，引得游人如织。刘禹锡扯上柳宗元和另外几个朋友，冲进人堆里，也要去凑个热闹。

观外车马拥堵，观内熙熙攘攘，人比花还多，抬眼望去，千余株桃花似锦如霞，美美惹人爱。

刘禹锡也被此情此景迷住了，仔细想想，当年并没有如此盛景啊，他真是下乡太久了！人世变化可真是太大了！他心头一热，一首《元和十年自朗州至京戏赠看花诸君子》脱口而出：

紫陌红尘拂面来，无人不道看花回。

玄都观里桃千树，尽是刘郎去后栽。

"好诗，好诗！"朋友们赞不绝口，一传十，十传百，很快就传到了宰相武元衡那儿。

这是在写桃花吗？这是在讽刺我吧？朝中本就有小人嫉妒刘禹锡，趁此机会，他们挑拨离间，暗示武元衡，这"玄都观里桃千树，尽是刘郎去后栽"意在讥讽朝政。这不是暗戳戳讥讽新贵们都是"他"被贬离开京城之后，靠阿谀献媚攀爬上来的吗？简直太损了。

武元衡越读越不是滋味。这还没完，经过小人演绎，这首诗很快就上升到讥讽皇帝了，本就神经敏感的宪宗也被气到了。

皇帝来了一出阴招，把刘禹锡和一起回来的柳宗元分别明升为播州（今贵州遵义）刺史和柳州（今广西柳州）刺史，实际则是一脚踢飞到了更荒僻的地方。

本满心大志的兄弟俩接到任命，面面相觑，彻底蒙了。经过同僚的求情，朝廷最终改任刘禹锡为连州刺史。这也没好多少，他也无所谓了，硬着头皮动身，只是连累好友，感觉有点过意不去。

好在柳宗元够义气，一直与他共进退。

刘禹锡早就被"贬"出经验来了。到了连州，他没有将时间浪费在唉声叹气上，而是马上深入民间，到处采风，去观察风土民情，去专心搞当地的文化开发。

821年，他被调任夔州（今四川奉节）刺史。对于别人来说，这是巴山楚水凄凉地,而对于他来说,这里有数不尽的民间文化可以*滋养他的文笔*。

在这里,他被土家儿女婆娑起舞的场景深深打动,他的音乐才华也终于得以施展,著名的十一首《竹枝词》就此诞生。此为《竹枝词二首·其一》:

杨柳青青江水平,闻郎江上唱歌声。

东边日出西边雨,道是无晴却有晴。

在这之前,有谁留意过这种嘈杂山歌呢?俗!但刘禹锡眼光独到,他敏锐地发觉了山歌的质朴之美,他试着把山歌融入诗中,将民间文化和书面语完美融合,在民歌保护方面开启了一代先河。

你看,山穷水尽处,其实另有柳暗花明,刘禹锡后来靠着这些独特的山歌立足文坛,这难道不是福祸相依吗?诗人用行动教会我们:如果你因失去了太阳而流泪,那么你也将失去群星了。遇到困境时,不如学学刘禹锡,"既然无处可逃,不如傻乐。既然无处可逃,不如喜悦"。

3. 永别长安城

828年,五十七岁的刘禹锡终于再一次回到长安。

离上次桃花事件已经过了十三年,好巧不巧,又是一个桃花盛开的阳春三月。

他兴致勃勃地又去了玄都观，昔日的红火场面不见了，连桃花也凋零了，取而代之的是遍地青苔和野菜野麦。

看到此情此景，他心头再次一热，诗又来了。

百亩庭中半是苔，桃花净尽菜花开。

种桃道士归何处？前度刘郎今又来。

这首《再游玄都观》字里行间溢满的自信和傲气，证明十三年的风霜雨雪，并没有将这颗硬石头打磨圆滑。

"哈哈哈哈哈……"他爽朗一笑间，满是对那些政敌的嘲讽，又尽显历尽磨难终于熬出头的自豪。可是，桃花到底是他命定的劫数，这一番操作，让刚刚脱离谪籍的他，把好好的仕途发展机会弄没了。

果然，这首诗又开始在京城疯传，朝中大臣认定他又在指桑骂槐，纷纷上表提议不能给他重要职位，只给他一些闲职敷衍。恰逢党争再起，腰杆子比笔杆子还直的他又被明升暗降，被排挤出京，任苏州刺史。

终究是与京都无缘啊！

一到苏州，达观的刘禹锡又回来了。他写下《乐天寄重和晚达冬青一篇，因成再答》一诗：

风云变化饶年少，光景蹉跎属老夫。

秋隼得时凌汗漫，寒龟饮气受泥涂。

东隅有失谁能免，北叟之言岂便无。

振臂犹堪呼一掷，争知掌下不成卢。

在他看来，秋高气爽之时，雄鹰能凌空翱翔，天寒地冻虫类遭殃，神龟却能悠然吐气。失之东隅，收之桑榆，既然还能振臂高呼，说不定还能中个头彩呢。

心态好的刘禹锡活到了七十一岁，晚年的他还是那样快乐高兴。

他在被贬地写的歌，至今还在被传唱；他在连州、苏州的功绩，让百姓都抢着为他立祠敬仰；他虽然在政坛屡战屡败，但在文坛留下了不可磨灭的光芒……

人生在世，挫折难免，生活就是一面镜子，你笑，它也笑；你哭，它也哭。

如果一个人要是总能保持初心，从困境中看到有利因素，定然还会有意外的收获。刘禹锡就是如此，他大半生都跌落在泥坑里，但是他总能豪气一笑，用一颗坚定而强大的心，把充满艰难的日子嚼出独特的美味来。

他最终治愈了自己，也治愈了后世的我们。

当我们总是备感脆弱，觉得要被生活压垮时，当我们埋怨太苦太累，无处可逃时，不妨去读一读刘禹锡，偷学几分诗豪的胸襟。

王勃：天才少年郎，璀璨如流星

"等等，让我先睡一觉。"

一位翩翩少年郎慢悠悠地铺好纸笔，磨了数升墨，一字未写，一言不发，而是转身抓起酒壶猛灌几口。紧接着，他又起身前往卧室，爬上床，扯起被子，蒙头呼呼大睡去了，让那些围观的人目瞪口呆。

醒醒吧，少年，大家都等着看你的笑话呢，看你这样，也不像能写出什么绝世大作。

半晌过后，少年还真醒了，来到书房，提笔就开始写。只见他洋洋洒洒，文不加点，一篇文章一气呵成。

围观群众纷纷叹服：妙哉妙哉！果真神童！果真绝世大作！

这个少年是谁呢？他就是"初唐四杰"之一的王勃。

诗至初唐，一甩绮靡之气，走向开朗进取，由王勃、杨炯、卢照邻和骆宾王四位天才引领。在这"初唐四杰"中，万众首肯的第一人就是王勃。

比才，他为首；比惨，他也是第一。

他的人生就像流星，转瞬即逝，却耀照千古。

1. 天才少年郎

要说少年英才，还有谁能比王勃更有资格？

我们六岁还在奋力习字，他六岁已经能赋诗作文；我们九岁开始学作文，他九岁已经通读了文史经典，顺便勘误了儒学大师颜师古所著的《汉书注》，并撰写了《指瑕》十卷。

如此天才早慧，妥妥的是"别人家的孩子"。但是，还真不用羡慕，因为他的家长也不是一般人。

王勃的爷爷是隋末大儒，叔爷爷是写出《野望》而闻名遐迩的王绩，父亲曾任太常博士。家学深厚，这起跑线也是让人望尘莫及的。

十五岁那年，王勃就上书当朝宰相，针砭时弊。宰相惊叹，"此神童也"，赶紧让他来当官吧。于是不久后，王勃就成为当时朝廷里最年轻的命官。

这期间，他有一位好友要去四川，在送别时，王勃大笔一挥，一首名震千古的送别诗横空出世，即为《送杜少府之任蜀州》：

城阙辅三秦，风烟望五津。
与君离别意，同是宦游人。
海内存知己，天涯若比邻。
无为在歧路，儿女共沾巾。

单一句"海内存知己，天涯若比邻"就顿然让人神清气爽，通达有志。这堪称史上最霸气的赠别诗，跨越数千年都能震撼人心。

那是一个雾霭沉沉的日子，长安城外是茫茫旷野。两个少年骑着马从一个城楼脚下走过。这天的马儿似乎走得格外快，不知不觉就已经走到了城外。这里没有杨柳依依，没有长亭古道，放眼望去，只有一片苍茫。

王勃与友人本在京城同朝为官，难得两人志同道合，能彼此惺惺相惜，经常一起喝酒谈天，聊人生聊理想，只可惜天下没有不散的宴席。如今友人被调任蜀州，此一别山高路远，不知何日才能再见。

蜀州偏远，举目无亲，远离了政治中心，升迁也必然更加困难了。友人一想到这些不免心中惆怅，王勃理解他，于是劝慰道：你将客居蜀州为官，我从山西过来长安为官，我们都是为了心中的一份建功立业的抱负才背井离乡啊！我知道对你这样一个有凌云壮志的人来说，当一个区区少府难免屈才，我又何尝不是一样感到憋屈呢？其实我们是一样的。

但到这诗人话锋一转，写出新意来。当人们都习惯于把别离的遗憾无限放大时，王勃却用"海内存知己，天涯若比邻"一扫离别的人心中的愁绪。

天下没有不散的筵席，离别总是无处不在，但真正的相知，是多年不见，依然热络如常；真正的知己，不必天天在一起，却懂你的坚持。即使相隔千里，依然能感受到温暖。

想想看，还年少轻狂的王勃，就有着如此坦荡豁达的格调，有着如此昂扬旷达的思想高度，这必注定了他的一生不平凡，也注定了诗坛上会有他的一席之地。

2. 人生过山车

王勃年纪轻轻就当上了朝散郎，没过多久，又经主考官的介绍成为沛王府的修撰，也就相当于现在的"主编"，文采斐然的他自然深得沛王李贤的赏识。

人在高处容易飘，倘若稍不自持，一个不小心就容易摔得很惨，王勃就是一个例子。

他有地方施展才华，还有皇亲国戚"罩着"，本可以前途无量，结果却因一篇凑热闹的游戏文章跌落到了人生的低谷。

事情是这样的。有一次，沛王李贤与英王李哲斗鸡，才华横溢的王勃大笔一挥，写了一篇《檄英王鸡》，讨伐英王的斗鸡，以此为沛王助兴。文中写道：

> ……历晦明而喔喔，大能醒我梦魂；遇风雨而胶胶，最足增人情思。处宗窗下，乐兴纵谈；祖逖床前，时为起舞。肖其形以为帻，王朝有报晓之人；节其状以作冠，圣门称好勇之士……

此文一出，很快就传到了唐高宗手中。

从唐王朝开国始，兄弟攻讦、诸王争位就没有消停过，高宗皇帝对此不得不在意，而王勃的《檄英王鸡》，却好巧不巧地拨动了这根敏感的神经。他不可能责备自己的儿子玩物丧志、兄弟相争，只能把怨气发泄在王勃身上：谁让你挑拨我儿子的？

王勃的大好仕途，就此毁于一旦。能怨高宗太敏感吗？聪慧如王勃，怪还是只能怪自己太作。

这还不是最作的，文官这扇门已然关闭，不想天天饿肚子的王勃经朋友介绍，在虢州谋得了一个参军的职位。此时的他虽然文采没了地方施展，气度还是照旧，不知不觉中树敌不少。

一个月黑风高的夜晚，一队士兵突然闯入王勃的居所，把一脸惊愕的王勃五花大绑。

"你好大的胆子，竟敢私藏贼人曹达，还把他杀了，来人啦，给我把他带走！"

于是，一个曾被万人赞的天才少年忽地变成了杀人犯。至于他究竟为何要私藏官奴，然后又杀掉他，史料没有具体记载，也有人猜测，或许王勃是被奸人陷害的。

总之，王勃这次是彻底栽了。

然而，人生的奇妙就在于，你永远都猜不到拐角那边会是什么。

王勃过山车般的命运还在继续。他本以为跌到了不能再低的谷底，已经永无翻身之日了，哪知命运却再一次眷顾了他。

唐高宗大赦天下，他居然又自由了。这还不止，他自己恐怕也想不到，人生巅峰已经在向他招手。

3. 流芳滕王阁

真正的天才，走到哪儿都挡不住光芒四射。这不，遭逢了人生低谷的王勃，在一次看望父亲的旅途中，却突然迎来了人生的最高光时刻。

675年，王勃在前往交趾的途中，路过南昌滕王阁。

一代才子与一座名楼猝不及防的相遇，注定要擦出灿烂的火花。

洪州的阎都督因为重修了滕王阁，开了一个文学集会，要请人为诗集作序。"这次集会主要是为了衬托一下阎都督的才子女婿，咱们都识趣点，意思一下就好。"同座唯唯诺诺皆很配合。

王勃却大步往前一迈，"让我来"，毫不客气地揽下了这个让他信心十足的活儿。

气氛有点尴尬，阎都督脸色一沉，甩了甩袖子转身出门，只说要先透透气，私底下又派人去打探王勃到底写了什么。

"他的开头是'豫章故郡，洪都新府'。"

"哼，我看他不过是徒有虚名罢了！"都督一脸不屑。

下人接着来报："他又写了'星分翼轸，地接衡庐'。"

都督觉得也不过如此。

"襟三江而带五湖，控蛮荆而引瓯越。物华天宝，龙光射牛斗之墟；人杰地灵，徐孺下陈蕃之榻。"

都督倒吸一口气，预感到自己只怕是有眼不识珠："快报，后面写了什么！"

滕王阁景色壮阔，刺激了王勃，他的灵感如流水奔涌。

时维九月，序属三秋。潦水尽而寒潭清，烟光凝而暮山紫……落霞与孤鹜齐飞，秋水共长天一色……

阎都督和女婿早就顾不得先前的尴尬，抢着去见证奇文的诞生：

……冯唐易老，李广难封。屈贾谊于长沙，非无圣主；窜梁鸿于海曲，岂乏明时？所赖君子见机，达人知命。老当益壮，宁移白首之心？穷且益坚，不坠青云之志。

一番志存高远的挥洒，大家看得激动万分，但王勃却突然温柔一收：

敢竭鄙怀，恭疏短引；一言均赋，四韵俱成。请洒潘江，各倾陆海云尔。

滕王高阁临江渚，佩玉鸣鸾罢歌舞。

画栋朝飞南浦云，珠帘暮卷西山雨。

闲云潭影日悠悠，物换星移几度秋。

阁中帝子今何在？槛外长江空自流。

我只是冒昧地胡诌了几句，作短短的引言，接下来就隆重邀请在座的各位，施展潘岳、陆机一样的才笔，各自谱写瑰丽的诗篇吧！

真真是刚柔并济，委婉动人。

《滕王阁序》有多出彩？

不到千字，却贡献了近四十个成语。虽是骈文之体，却堪称盛唐之声；辞藻不是华丽而是壮丽；声韵绝顶铿锵，文气极其畅达。对于大多同类文来讲，简直是降维打击，单一句"落霞与孤鹜齐飞，秋水共长天一色"，就足以让历史在此定格。

滕王阁之行无疑将王勃推上了人生巅峰，高宗也决定原谅他，再次招他入朝。

可是年仅二十七岁的天才王勃已经不在人世了。有传言说，他是去交趾探望父亲返回时溺水而亡，也有传言说是溺水后受到惊吓而亡。

王勃有着神一样的出场，也有着谜一样的谢幕。

甚至有人说，要不是王勃英年早逝，李白、杜甫在诗词历史中的地位也不可能有这么高。然而，历史没有如果。

不管如何，后人将牢记这位天才少年。他的恃才傲物与自矜自怜，他的洒脱不羁与怯懦谄媚，他的雄放刚健与苍凉沉郁，他的意气飞扬与失意彷徨，他的诗，他的文，他的生，他的死……凡此种种，就像琐碎的星光，最终汇成一束光亮，直照初唐，让我们与前人相见。

杜甫：身处沟壑里，仰头望星空

说到古人写的爱情诗词，你会想到什么？

是贺铸深挚沉痛的"梧桐半死清霜后，头白鸳鸯失伴飞"？是元稹深情如许的"惟将终夜长开眼，报答平生未展眉"？是李商隐为爱痴狂的"直道相思了无益，未妨惆怅是清狂"？还是李白的"相思相见知何日？此时此夜难为情"？

大唐的诗人个个风流而多情，似乎唯有杜甫，不擅长风花雪月。他一生现存诗歌有一千四百多首，会写国破家亡的时代，会写忧国忧民的胸怀，会写挚友手足的情深，却唯独不会写"情诗"。

在他的诗歌里，对妻子没有浪漫的称呼，一律以"老妻""瘦妻""妻孥"等代之："老妻寄异县，十口隔风雪"，"老妻书数纸，应悉未归情"，"老妻画纸为棋局，稚子敲针作钓钩"。

在他的诗歌里，没有热烈的情爱表达，只有妻子因劳累而消瘦的背影，"失学从儿懒，长贫任妇愁"；只有妻子双眉紧蹙的愁颜，"忆离放红蕊，想像颦青蛾"；以及妻子的无措与落泪，"妻孥怪我在，惊定还拭泪"。

那么，他是真的不会写吗？

如果要以情感的显露和风格的浪漫来定义，他所写的的确算不上情诗。字句不华丽，情感多沉郁，更像是琐碎的生活日常。但是，谁能说这不是情诗呢？现实里没有那么多的轰轰烈烈和千折百转，也没有那么多的或生或死，更多的是柴米油盐和嘘寒问暖。

或许杜甫才是最擅长写情诗的，没有华丽的辞章，而字字皆真挚。

1. 贫贱百事哀

741年，三十岁的杜甫与司农少卿杨怡的女儿杨氏喜结连理。

彼时，杜甫的父亲任兖州司马一职，两家堪称门当户对。

杨氏年方十九，不仅青春貌美，而且知书达理。夫妻二人同心同德，感情融洽，琴瑟和谐，但是平静的生活没有持续多久，苦难就接踵而至，饥饿、疾病、贫穷、离别，不断摧毁着这个小家庭。

杜甫成婚后曾多次参加科举考试，可惜均未及第。屋漏偏逢连夜雨，父亲又去世了，家境开始一落千丈。

没有了生活来源的杜氏夫妻，日渐窘困，几度到了食不果腹的地步。尽管生活艰难，杨氏却没有抱怨，而是默默付出，操持家务。

杜甫踏上了漫漫求官之旅，窘迫时，只能将妻儿寄养在亲戚家里。寄人篱下的滋味何尝好受呢？杨氏却不曾出门坤怨，在捉襟见肘的日子里，她早已放下千金之躯，跟普通人一样外出劳作，为一家人的生计精打细算，勉力维持生活。

直到755年，在长安打拼十余年后，杜甫终于被授右卫率府胄曹参军。有了官职和俸禄，他又跟朋友借了点钱，在长安郊外租借了屋子，立刻迫不及待地去接自己的妻儿。

在当年的十月、十一月之间，他由长安前往奉先县（今陕西蒲城），写下了"史诗"中的第一首长篇作品《自京赴奉先县咏怀五百字》。

诗中既有"朱门酒肉臭，路有冻死骨"这种流传后世的千古名句，也有对妻儿的切切思念、满腔愧疚：

老妻寄异县，十口隔风雪。

谁能久不顾，庶往共饥渴。

入门闻号啕，幼子饥已卒。

吾宁舍一哀，里巷亦呜咽。

所愧为人父，无食致夭折。

诗人与妻儿分隔两地，一直对他们牵肠挂肚，时刻担忧着他们的生活状况。谁知这次回来，刚进门就听见妻子的哀号，一问之下，才知道小儿子已经活活饿死！

诗人看到妻子怀抱幼子尸体，满脸泪痕，心如刀割，但他却无能为力，只能一次次责怪自己无能：堂堂七尺男儿，竟然没本事养活自己的孩子，让妻子泪干肠断，真是愧为人父、愧为人夫！

2.乱世相守情

安史之乱爆发，大唐彻底走向倾颓，战争让越来越多的人流离失所，也让杜甫短暂的安稳生活结束了。

756年，安禄山摧枯拉朽般地攻入长安，唐玄宗仓皇逃往巴蜀，同年七月，唐玄宗的第三子李亨在灵武即位。

杜甫把妻儿安顿在鄜州之后，便只身投奔唐肃宗，想为时局贡献自己的一分力量，也想借机建功立业，养家糊口。不料，他走到半路，被叛军发现了，被俘至长安，关押了整整一年。

想为国效力却倒霉到被抓去坐牢是一种什么样的体验？杜甫大概会说：其实也没有那么难熬，只是很想家。

在一个农历八月的晚上，在皎洁的月光之下，脸色憔悴的杜甫望着城头圆月，想起了远在鄜州的妻儿，情不自禁写下了著名的五律《月夜》：

今夜鄜州月，闺中只独看。

遥怜小儿女，未解忆长安。

香雾云鬟湿，清辉玉臂寒。

何时倚虚幌，双照泪痕干。

她应该也在想我吧？此时此刻，她是不是孤独地站在夜色里，望着长安的方向呢？她站久了，雾气沾湿了那乌云般的秀发，月光照着那白嫩的胳膊，她会冷吗？想到我，她心里会更加愁苦吧。

试问一个日夜操劳的穷苦妇女，何来"云鬟""玉臂"？但在诗人眼里，妻子就是这么美丽清雅，也许这就是"情人眼里出西施"吧。

整首诗没有海誓山盟，没有痛不欲生，只用一种浅浅的描绘与诉说，就能让人感受到一个丈夫对妻子的真情。其实杜甫的愿望很简单，不过就是在乱世中，在这样的月色之下，能与妻子平淡相守，互诉衷肠。

几个月之后，就是寒食节，夫妻依然分隔两地。杜甫对妻子的思念丝毫没有停止，反而越发热切，于是他又提笔写下了这首《一百五日夜对月》，堪称《月夜》的续篇。

无家对寒食，有泪如金波。

斫却月中桂，清光应更多。

仳离放红蕊，想像嚬青蛾。

牛女漫愁思，秋期犹渡河。

夫妻久未团圆，想到这，诗人的眼泪就一直停不下来，他多希望能砍去月中的桂树，借明月的光辉给妻子传递思念。

听说牛郎织女尚且能在每年七夕之日团聚，可是自己与妻子却不知何时才能见面，他内心痛苦不已。更痛苦的是，他唯恐妻子和自己一样，也怀着满腔相思，孤零零地受着煎熬。

这是杜诗中罕见的两首带有浪漫色彩的诗，都是他写给妻子的爱情诗。谁说他不懂得浪漫呢？他只是把唯一的浪漫给了唯一的爱人。

或许，他的爱很朴实，也说不出口，但诗歌会替他表达，把这份思念的泪水和缠绵的相思传递和保存着。

3. 重逢诉幽情

757年，杜甫冒险逃出长安，投奔肃宗，被授予左拾遗，不料很快就因营救房琯触怒肃宗，被放还鄜州羌村探家。《羌村三首》就是那时所作。

《羌村三首·其一》笔触蕴含深情，记录了他们夫妻团聚时喜极而泣的惊喜场景。人间别久不成悲，他甚至怀疑这是一场梦：

> 峥嵘赤云西，日脚下平地。
> 柴门鸟雀噪，归客千里至。

妻孥怪我在，惊定还拭泪。

世乱遭飘荡，生还偶然遂。

邻人满墙头，感叹亦歔欷。

夜阑更秉烛，相对如梦寐。

经过千里迢迢的辛苦跋涉，诗人终于在薄暮时分，风尘仆仆地回到了久违的家中，见到了日思夜想的妻儿，一家团圆。

兵连祸结，哀鸿遍野，诗人音讯全无，妻子内心忧惧，未敢奢望丈夫还能平安归来。今日骤然相见，妻子既惊讶又欢喜，不禁泪水涟涟，一家人像过节一样围坐在一起。

在这生灵涂炭的年代，能够活着回来，实属不易。乡邻们知道了，也纷纷赶来探望，为之唏嘘。

夜很深了，诗人和妻子相对而坐，畅叙幽情，彼此都觉得似在梦里。他曾经多少次在梦中呼唤着妻子的名字，回忆着妻子的面容，而今终于见到了心心念念的妻子，又总感觉有几分不像真的，也许是害怕得而复失吧！

他在《北征》中这样写道：

粉黛亦解包，衾绸稍罗列。

瘦妻面复光，痴女头自栉。

学母无不为，晓妆随手抹。

移时施朱铅，狼藉画眉阔。

生还对童稚，似欲忘饥渴。

问事竞挽须，谁能即嗔喝？

他没有忘记妻子一个人拉扯孩子的艰辛，他在贫困潦倒、衣食无着中还留意着要为妻子打扮容颜，给她带回了粉黛。

瘦弱的妻子在化妆后，脸上又充满了光彩，让诗人内心得到一丝安慰，同时又涌上更多的愧疚：他的妻，年轻时明明也是描眉画黛的娇小姐呀，是因为他，才洗尽铅华。杨氏呢？常年辛酸劳苦的生活，让她无暇打扮，而今与丈夫重逢，点上娥黄和口脂，心内甜蜜不已。

女儿也学母亲涂脂抹粉，把眉毛画得乱七八糟；小儿子调皮，扯着诗人的长胡须，他都不忍心苛责他们。

他不在的这一年多的时光里，他们都是过着怎样的生活啊！他不知道。他只知道，那无数个刻骨思念的日日夜夜都只为这一天。

4. 成都旧草堂

759年，他们来到了成都，在朋友的帮助下，第二年在草堂安家了。这漂泊不定的半生，只在此时，才获得了宁静祥和。

《江村》最能表现此时的美好：

清江一曲抱村流，长夏江村事事幽。

自去自来梁上燕，相亲相近水中鸥。

老妻画纸为棋局，稚子敲针作钓钩。

但有故人供禄米，微躯此外更何求？

浣花溪的草堂里，终于难得能"躺平"一回，生活虽然依旧不宽裕，但是有了一丝平淡的幸福。

尽管已经和妻子携手走过近二十年的艰难岁月，其实妻子并不老，但是一声"老妻"，充满了脉脉深情，也希望彼此能白头偕老。

深情不及久伴，厚爱无须多言。平淡相守，才是此生所求。即使未来仍旧是苦难的，但是能与妻子携手同行，人生再苦也有乐。

《进艇》也描写了他们划船的情景：

南京久客耕南亩，北望伤神坐北窗。

昼引老妻乘小艇，晴看稚子浴清江。

俱飞蛱蝶元相逐，并蒂芙蓉本自双。

茗饮蔗浆携所有，瓷罂无谢玉为缸。

从年少时的鲜衣怒马到而今的鬓发如霜，杜甫望着眼前这位糟糠之妻，她已经不复青春时的俏丽容颜，但他并没有心生嫌弃。回想起这些年走过的风风雨雨，一起经历的漂泊岁月，他内心有一种淡淡的知足。

今生虽然千难万险，然今生有伊相伴，再苦也甘之如饴。此生已无以为报，只愿下辈子还能做一对恩爱夫妻，再相依相伴，像那

"俱飞蛱蝶"和"并蒂芙蓉"一样，永远成双成对，双宿双飞。

此时，大唐的局势也渐渐好转。763年，一生漂泊凄苦的杜甫终于欢喜了一次。听闻唐军收复失地后，他欣然写下了《闻官军收河南河北》：

剑外忽传收蓟北，初闻涕泪满衣裳。
却看妻子愁何在，漫卷诗书喜欲狂。
白日放歌须纵酒，青春作伴好还乡。
即从巴峡穿巫峡，便下襄阳向洛阳。

听闻军队收复了洛阳，接着又收复了河北，颠沛流离的一家人盼望早日回到故土，杜甫高兴得几乎疯狂。

他在诗中畅快不已，杨氏已经欣喜地开始打点行囊。风霜雨雪历此生，熬过了种种坎坷和磨难，他们希望回到家乡，深情到白头，白首不分离。

此时，离杜甫去世只有七年了。生命的末年，杜甫一心北归。

他漂泊的时光已经够久了，现在他只想在故乡的怀抱，好好歇一歇。可历尽千辛万苦，他还是没能回去，凄凉地在一条小船上过世。

家中一贫如洗，杨氏怀着满腔哀痛，变卖衣物才将丈夫入殓。丈夫走后，杨氏孤苦度日，忧思成疾，不久也抑郁而终。

　　嫁给杜甫，她一生都是在饥寒、担心与操劳中度过的，但是她却成了杜甫诗中唯一的"妻"，似海深情，令人动容。哪怕文采斐然的丈夫，没有在诗中留下她的芳名，但丈夫一生没有纳妾，这种专一专情堪比情圣。

　　四十三年后的813年，杜甫的孙子杜嗣业东筹西凑，费尽周折，将杜甫与杨氏合葬于家乡首阳山前的祖坟里。这一刈凄苦的夫妻终于在离世多年以后又团聚了，也算是实现了生前相依相偎的愿望。

　　当然他们更想不到，千年以后，巨大的盛名会包裹着杜甫，也让他悲苦一生的"妻"永远留在了历史的长河中，供后人瞻仰。

　　这份执着的爱意，超越了千年的时空，稍稍弥补了生前的些许遗憾。

曹丕：父子俱好学，三曹皆能文

建安年间，大诗人王粲去世，丧礼办得简单而朴素，只见他的家人缟衣素服，放声痛哭。

突然，一个佩剑的男子冲进灵堂，扶着棺木，放声大哭，任凭在场的文人和随从怎么劝说，也不管用，他哭得毫无形象。哭完了，他说："阿粲生前最喜欢听驴叫，要不，我们各学一声驴叫送送他吧！"

于是灵堂上响起了此起彼伏的驴叫声。不是没有人劝阻，但男子无动于衷。一时间，不免有人议论纷纷：这谁啊？这也太荒谬了吧？

"你不知道？他就是魏王世子曹丕。"

曹丕到底是一个什么样的人？是夺人所爱的薄情人？是嫉恨弟弟的刻薄人？是处心积虑的上位者？还是随心所欲的性情中人？让我们听听曹丕自己怎么说！

1. 本是同根生

《世说新语》中记载了一个脍炙人口的故事：魏文帝曹丕曾命曹植，在七步之内写出一首诗来，否则，就要处死他。

曹植才思敏捷，应声吟道：

煮豆持作羹，漉菽以为汁。

萁在釜下燃，豆在釜中泣。

本自同根生，相煎何太急？

多少人听了这个故事，不赞叹曹植的聪颖，厌恶曹丕的刻薄寡情？多少人小时候读到《七步诗》时，不骂曹丕连亲兄弟都不放过？

等读了《三国志》才知道，曹丕真的没有杀曹植。曹植活得比曹丕还久。

不过，虽然说曹丕和曹植是同父同母的亲兄弟，但这两兄弟的关系，确实也好不到哪儿去。

为什么？

因为曹操十分喜欢曹植的才华，一度想让曹植当接班人。

曹植是个天才少年，十多岁的时候，就写得一手好文章。当年，铜雀台刚刚修成，曹操把儿子们都叫到身边来，让他们一人写一篇文章。曹植不到十分钟就写完了，写得还很漂亮，曹操非常欣赏。

这样聪颖机敏的儿子，谁不喜欢呢？曹操每次问曹植问题，他都对答如流，久而久之，曹操就想对他委以重任。

曹丕本来是接班人最有力的人选，对于弟弟的出头，自然是不喜的。所以，曹丕成为魏王后，对曹植做的第一件事，就是杀掉了曹植团队的重要成员——丁仪和丁廙，因为他们曾是扶持曹植当世子的强力支持者。对于弟弟曹植，他倒没有下杀手，而是让他到封地去，并派了人监视他。

当上皇帝的第三年，曹丕将自己的兄弟都封为王，也没落下曹植，立他为鄄城王。第二年，又立他为雍丘王。这年，曹植来到都城，给曹丕上了一道文疏。在文中，曹植极力检讨自己的过错，希望为朝廷效力。曹丕赞赏他的文章，两人的关系稍稍缓和了些。

又过了几年，曹丕东征路过雍丘，还住在曹植家。这一次，兄弟两人可能处得不错，曹丕给曹植增加了五百户的封邑。

可是，曹植心中有一团火，一团建功立业的火。他一直给曹丕上书，想为国家效力，可一直到曹丕去世，曹植也没有得到重用。

对待曹植，曹丕是该给的待遇一样不少，身份地位和诸兄弟一样，但是，想参与政事？他绝不松口。

对于一个曾经和自己争过"储位"的人来说，曹丕对曹植的防范情有可原。

226年，四十岁的曹丕病逝，儿子曹叡继位，是为魏明帝。曹植又开始给侄子上书，想为国家效力，却还是失望而归。

终于，曹丕去世六年后，曹植在忧郁中去世。看看，曹植在曹丕死后还多活了六年，怎么能说是曹丕杀了他呢？

至于说曹植暗恋曹丕的妻子甄夫人，最早出自《文选·洛神赋》李善注引记，此前都没这种说法。要知道曹丕纳甄氏为妻时，曹丕十八岁，曹植才十三岁，夺爱之说，也很难成立。

人说《洛神赋》是为甄夫人所写，其实，曹植怎么会蠢到那个地步，明目张胆地向嫂子表白，这于伦理也不合，况且曹丕精通诗赋，若是曹植有那个意思，早就被他看出来了，能有"好果子"吃？

2. "三曹"俱有才

提起"三曹"，许多人对曹丕十分不屑，感觉他像个凑数的。

曹操有"对酒当歌，人生几何"的名句，曹植一篇《洛神赋》千古传唱，而曹丕有什么？

无才是世人对曹丕最大的误解。

在文学史上，曹丕是不得不提的人物，因为他是第一个写七言诗的人，他的两首《燕歌行》是中国文学史上现存最古老、完整的七言诗。《燕歌行二首·其一》为：

秋风萧瑟天气凉，草木摇落露为霜。

群燕辞归鹄南翔，念君客游思断肠。

慊慊思归恋故乡，君何淹留寄他方？

贱妾茕茕守空房，忧来思君不敢忘，不觉泪下沾衣裳。

援琴鸣弦发清商，短歌微吟不能长。

明月皎皎照我床，星汉西流夜未央。

牵牛织女遥相望，尔独何辜限河梁。

自问世以来，曹丕的《燕歌行》一直受到后世的盛赞：明代学者胡应麟说"子桓《燕歌》二首，开千古妙境"；王夫之说"倾情，倾度，倾色，倾声，古今无两"。

除了搞创作，曹丕最不得了的地方，在第一个将文学提到绝对高度。他的《典论·论文》是中国文学批评史上第一部文学专论，在书中，他说："盖文章，经国之大业，不朽之盛事。年寿有时而尽，荣乐止乎其身，二者必至之常期，未若文章之无穷。"

曹丕认为，文章是关系到治理国家的伟大功业，是可以流传后世而不朽的盛大事业。人的生命有长度，而文学、精神却可以永久流传。

而很会写辞赋的曹植，对文学的看法却不同。曹植在写给杨修的信中说："辞赋小道，固未足以揄扬大义，彰示来世也。"

曹植认为文学是"雕虫小技"，不足以彰显后世。为此，国学大师钱穆先生认为：曹丕才是真正的文学家，能看出文学之价值。

　　无论从哪个角度来看，曹丕也是一个有才之人，可是为什么，一千多年来，他的名声却远远不如曹植呢？

　　南北朝时的文学评论家刘勰道出其中缘由："遂令文帝以位尊减才，思王以势窘益价，未为笃论也。"

　　因为哥哥做了皇帝，减了才，弟弟不得意，别人同情他而地位就提高了。

　　王夫之在《姜斋诗话》中，亦大力称赞曹丕的文章，说他与曹植是"仙凡之别"。

　　但一直以来，许多人赞扬曹植"才高八斗"，评价曹丕则是嫉贤妒能的小人。

　　我们太轻易给一个人下定论。没有调查，就没有发言权。了解一个人最正确的方法，是多听多看，多听几个人的总结，而不是听一家之言。如果偏听偏信，则会掉入认识的窠臼中。

3. 圣明魏文帝

　　文学家之外，曹丕还是一个勤奋的皇帝。怪只怪他的父亲曹操太过耀眼，而显得曹丕这个皇帝太没存在感。

　　220年，曹丕逼迫汉献帝禅位，自己代汉，成为魏朝的皇帝。一时间，人人皆骂曹丕"篡汉"。他这事做得确实不地道，但他登基以后却让人刮目相看。

　　曹丕逼迫汉献帝退位后，怎么安置汉献帝的呢？将汉献帝降封山阳公，保留天子礼仪。也就是说，在山阳公的封地内，汉献帝依然称皇帝，祭祀的时候，依然用天子的礼仪，给曹丕上书不用"称臣"。

据说，曹丕还同时给刘协留了句客气话："天下的好东西，我跟你可以一起享受。"

十四年后，汉献帝寿终正寝，曹丕早已去世，魏明帝率群臣亲自哭祭，用天子的礼仪将之下葬。

礼遇前朝之君，可见，曹丕是一个非常大度的人。倘若李煜、宋徽宗泉下有知，大概会羡慕吧。

当皇帝，曹丕还蛮勤奋。

曹丕在位期间，破蜀汉，征东吴，无不向世人宣告：追求统一，我是认真的。

对内平定割据势力，对外也不闲着。曹丕继位后，平定河西，恢复了中原王朝对西域的统治，击败长年侵扰边疆的鲜卑等少数民族。

轻关税、与民休养，也是曹丕的为政举措。他还发布《禁诽谤诏》和《百官不得干预郡县诏》，改变相互诬告与朝臣颐指的世风。

这样一看，曹丕当皇帝，其实还蛮尽心。

可是，曹丕在当了六年皇帝后，就去世了。

叶嘉莹评价说："魏文帝在即位后，曾下了息兵诏，下了薄税诏，下了轻刑诏。他实在是一个很有理想的皇帝，希望能够把天下治理得更好。"

史学家马植杰先生说："拿曹丕与其他封建帝王相比，尚属中等偏上者。"

看来，做皇帝，曹丕做得尽心尽责，还不赖。

曹丕离世已有一千七百多年，在传说中，曹丕总是活在曹植的阴影之下，文才不如他，际遇不如他，自己爱的女人还爱他。

可是，在现实中，曹丕坚持自我，努力活出了另一番风采，当我们回头看时，这风采并不比别人差。

人生于世，不要畏惧别人的阴影，而是要在阴影中，努力活出自己的一片天。也许短时间内，别人会误解你，时间长了，世人终会看到你的光芒。

文征明：江南四才子，福寿双全人

有人说："千万别相信什么人生不能输在起跑线上这样的话，只有百米短跑才在乎起跑线，而人生是一场马拉松，马拉松起跑大家才不管起跑线，而是一起出发，谁能坚持到最后才是关键。"

这句话用在文征明身上，再合适不过。

明朝苏州，才俊辈出，其中最亮眼的就是"江南四大才子"。

在多数人心中，"江南四大才子"中唐伯虎最为风流倜傥，以一己之流量带火了整个团队，从古火到今。但真实的历史却是另一番风貌：唐伯虎少年有才，却是个货真价实的超级倒霉蛋；祝枝山书法一绝却官场受挫，最后在病中郁郁而终；徐祯卿被誉"吴中诗冠"，却吃了很多颜值的亏，早早离世；只有文征明，本是个开窍晚又低调木讷的"考场常败将军",但就属他活得最久,成就最高。

1. 大器自晚成

明朝江南苏州府有一户官宦世家,祖上可以追溯到著名文学家文天祥,其当家主人是曾任温州知府的文林。

文林的爷爷和父亲都是举人,弟弟是进士,可是这家的小少爷文征明却显得有些偏离了这条文脉航道。

"哎呀,少爷又摔倒了!"

"这孩子六岁还站不稳,到现在都八九岁了说话还说不清楚,走个路还老绊倒,怕不是个傻孩子吧……"

亲戚、侍从无不私下议论纷纷,耳闻这些风言风语,文林却一脸淡定,不以为然。

再看看别人家的孩子:唐伯虎早慧,聪颖过人;祝枝山五岁能写出一手好字,读书过目不忘;徐祯卿家里书都没有,却自幼无所不通。

文林依然不急不躁,丝毫没有家族文脉可能会断送的失衡心态,也不曾责备自己儿子,只是时不时跟身边人说:"此儿他日必有所成,非乃兄所及也!"

这一天,他又把儿子叫到跟前:"大器晚成不是坏事,我绝对相信你,你以后的福气是别人远远比不上的!"

文征明似懂非懂地点点头，他并不知道这意味着什么，只知道爹爹相信自己，自己加倍努力就好了。

每天天不亮，这户人家的"傻小孩"就会早早起来练字。日复一日，年复一年，任酷暑寒霜，从不间断。平日写个信，他也会以高标准来要求自己，但凡有半点瑕疵必定重新再写。

其父亲文林也没闲着，一方面，他给儿子尽可能多地创造见世面的机会，带文征明参加雅集游会，结交志同道合的朋友，让文征明多多接受熏陶；另一方面，他竭尽所能找好老师来教授文征明。

到了十四岁时，文征明的灵性慧心终于被慢慢打开。此后，他就开始快速成长。二十岁师从沈周学画，二十二岁学书，二十六岁师从吴宽学文。

他从模仿开始，却又敢于创新自成一家，最终创下属于自己的成就。

回想这一程，不得不感念他父亲惊世骇俗的宽容和耐心。试问现如今的家长，面对文征明这样的孩子，有几个能像他父亲那样淡定？遵循着孩子自己的节奏，相信孩子的未来，并支持孩子进步？

"不要让孩子输在起跑线"这碗"毒鸡汤"，让无数家长陷入无止境的焦虑中无法自拔。

太多事实证明了，过分抢跑可能只是在透支孩子学习认知的兴趣和内在驱动力，而学习本身是一件终生的事情，留住终身学习的热情远比一时领先重要得多。

2. 朽木的逆袭

"少壮不待老，功名须及时。男儿不仗剑，亦须建云旗。"

这是年轻时的文征明作的诗，他有过仕途理想，也是热血青年，但他的科考之路很不顺利。

1498年，二十九岁的文征明和好朋友唐伯虎一起去应天参加乡试，这已经是他第二次参加考试了。

等到揭榜那一天，榜单上赫然写着解元：唐寅。

文征明望着榜单，揉了几次眼睛，始终没能找到自己的名字。然而，文征明最大的幸运就是他有个好父亲，果然，父亲又写信来安慰他了：儿子，别灰心！唐伯虎有才却轻浮不稳，后头的路只怕不会好走。你跟他完全不同，他以后肯定比不过你。

"论考试经验，我没有，教训倒是够装好几车了。"

1507年，文征明第四次参加乡试，仍不中，直到1522年，他第九次参加乡试，依旧名落孙山。

这么多年，屡战屡败、屡败屡战的文征明从踌躇满志考到大受打击，再到彻底失望。

当时的考试提倡八股文，可是文征明每每复习到八股文就忍不住鄙视，转而去看他喜欢的。到了考场上更是不愿屈就，坚决不肯改自己的路子，多年来一直愣头去撞，最终头破血流。

但是这一系列打击没有让他绝望，因为"安心方外药，适趣个中琴"。这些年，他在备考之余不忘自己的兴趣，刻苦钻研自己喜欢且擅长的东西，把特长发挥到了极致。

他还有一个独创心法：学习古文时，往往采用了随手抄录的方式，"观书时习文，观文时习书"。如此倒是一举两得。

终于，他找到了上天为他开的另一扇门。1523年，五十四岁时，他因为自己的书画实在亮眼，遇到了欣赏他的贵人。

工部尚书李充嗣推荐文征明入京，授翰林待诏。文征明奋斗了大半辈子，终得了一个九品芝麻官。

3. 慈眉书画家

官场的繁文缛节和明争暗斗令人反感，文征明哪能受得了这些？没过几年，文征明就决定辞官回乡。

从此，仕途之路画上了句号，艺术大门彻底敞开。文征明开始修身修心，全心全意投身到诗文书画这份文艺事业中。

对于儿时保持的练习习惯，他依旧在坚持，单临写《千字文》这一项，他都每天以写十本作为起点。勤奋让他的才艺不断精进。

他的诗文风格清新，与唐伯虎、祝枝山、徐祯卿并称"吴中四大才子"。

他的画风秀雅，没有"匠气"，与沈周、唐寅、仇英并称"吴门四家"。师傅沈周去世以后，他撑起整个画派五十余年。

他的书法整体严谨，局部活泼又劲健动人，造诣也极高。

王世贞曾评价说："吴中人于诗述徐振卿，书述祝允明，画则唐寅博虎。彼自以专技精诣哉，则皆文先生友也……文先生盖兼之也。"

宁王朱宸濠曾因仰慕他的贤德聘请他，他托病不往，只因为不想"摧眉折腰事权贵"。

随着名气越来越大，求画的人也越来越多。有一天，一位日本使者专程来求画。

文征明一脸慈祥安泰地坐于中庭，接受了使者的参拜，但是画却绝不卖给"宗藩、中贵、外国人"。

这位使者听罢，一脸愕然，但也只能遗憾地空手而返。走到巷口，他越想越觉得这位画家很有人格魅力，于是再次转身，叩首方才离去。

清代朱彝尊曾言文征明："人品第一，书、画、诗次之。"

1559年的一个春日，窗外细雨绵绵。文征明正在为御史严杰之母书写墓志铭，写到一半，他静静地闭上了双眼，悄悄告别了这个世界。

至死，手中的笔未曾搁下，这一年，他九十岁。

文征明虽生而不慧，却一生都保持着勤奋的习惯，忠厚正直的品格，从不起眼的落榜书生，成为诗书文画无一不精的四绝奇才。

无论他是走得快还是慢，他一生都能持有随和的心态，能遵循着自己的节奏稳稳地向前。正是因为如此，他最终印证了那句话："我们都是命运的博弈者，虽然起点被安排得明明白白，但终点由我不由天！"

严蕊：不是爱风尘，似被前缘误

这是一桩冤案。

一个美貌女子已经被鞭打得遍体鳞伤了，但她仍然不肯松口。到了探监时分，她的老母亲哭着劝道："儿啊，你就招了吧，那些人是不会放过你的。"

女子的声音虽然孱弱，语气却很坚定："儿宁愿死，也不会折辱了恩公。"

要她站出来诬蔑和指正大人，她是绝不肯答应的。

牢房外，几个狱卒正在窃窃私语："都说婊子无情，谁能想到呢，这个风尘女子熬了那么多刑，依然不曲不折，可比很多男儿有骨气多了。"

这个女子是谁呢？又为何身陷囹圄？这就得从"侠妓"严蕊说起。

1 沦落风尘中

严蕊原姓周，字幼芳，南宋中期人，自小习乐礼诗书、琴棋书画，曾居浙江临海的璎珞巷。

她出身低微，早年家中又遭变故，便不幸沦落为一名官妓。

官妓是唐宋时期供奉官员的妓女。要想成为一名官妓绝非易事，要经过层层选拔，万里挑一，色、才、艺三绝是标配。

严蕊是其中的佼佼者。她曾无数次成为官员们的座上宾，无数次地为官员们弹奏名曲，或下棋对弈，或唱和诗词，其才气总能博得官员们的拍手称赞，也为自己博得了数不尽的绫罗绸缎与脂粉珠钗。

尽管生活优裕，结交的都是达官显贵，但妓始终是妓，卖笑的背后是无人可诉的苦和泪。

严蕊没有一天不想逃离这种生活。

官员大多是文人，也欣赏有才学的，她一直希望通过自己的才学引起高官显贵的注意，让他们帮她恢复自由身。

机会终于来了。

那年春天，时任台州的太守唐与正要设宴，他召严蕊来酒席作陪。

唐府的后院里，一株桃花开得正繁盛，红白相间，灼灼耀目。蜂飞蝶舞，燕语呢喃，美人桃花，相映成趣。

趁着酒兴，唐与正命严蕊以身边的红白桃花为题，赋词一首。

严蕊略一思索，便提笔写下一首小词《如梦令》：

道是梨花不是，道是杏花不是。白白与红红，别是东风情味。曾记，曾记，人在武陵微醉。

这首小词写得含蓄而有情味。她没有直言桃花，而是道其色，摹其貌，让你误会，让你猜。

你看它那满树红白相间的样子惹人怜爱，但梨和杏皆不是它的本相。你可曾记得，当年有人在武陵源，被它的落英缤纷，所深深沉醉过。

只有读到武陵源，你才恍然大悟，原来这谜底是桃花。

桃花灼灼，宜室宜家，更兼一丝陶渊明的淡泊清高。短短一阕小词，颇有情味和风骨，可见写作者笔力不俗，绝非庸脂俗粉。唐与正赞赏不已，在例份酬劳之外，又多赏了她两匹缣帛。

严蕊也暗自高兴，太守对她高看一眼，她成为自由人的希望就多一分。

2. 凄苦陷囹圄

自此，严蕊就经常出入唐太守府中，如出入自家一样，她觉得她的愿望很快就要实现了。

皇天不负苦心人。又一日七夕，唐太守又在府中设宴招待几位好友，座席中有位风流才子叫谢元卿，仰慕严蕊已久。

为了考验严蕊的真才实学，他故意要她以自己的"谢"姓为韵，即席赋词一阕。觥筹交错间，严蕊已填成一阕《鹊桥仙》。

碧梧初坠，桂香才吐，池上水花微谢。穿针人在合欢楼，正月露、玉盘高泻。

蛛忙鹊懒，耕慵织傆，空做古今佳话。人间刚道隔年期，指天上、方才隔夜。

闻此，谢元卿啧啧称奇："此词不俗，可见才思敏捷！我辈何其幸，得亲沾芳泽！"

姓谢的只想一亲美女芳泽，唐与正却略懂了严蕊的一颗心。

在高朋满座的时刻，这首词略有几分凄凉：月盘高挂，梧叶轻坠，桂花吐香，荷花的瓣儿轻轻漂在水上。高楼上的姑娘们都忙着乞巧，用来乞巧的小蜘蛛忙着结网，银河里的喜鹊却懒懒的，都没搭起鹊桥。

牛郎、织女都无心本职工作，只想在七夕这一天相会。可是那又如何？他们俩的佳期也只有这一天而已。

严蕊羡慕牛郎织女，虽然一年只有一天相会的佳期，但也好过自己连一天的佳期都没有。她知道，无论自己怎么貌美才高，每天强颜欢笑，逢场作戏，也迟早会有那么一天，将会如桃花般凄然凋零。

她就似一枝任人攀枝的弱柳，毫无自由。这分明就不是自己想要的生活，她想要的，是不再卖笑，不再靠取悦他人而活。

唐与正内心不仅为之一动。眼前的这个女子不仅才貌双全，也颇有志气啊，只可惜不能纳入自己府中。

因为宋朝法律有明文规定，官妓可以为官员提供歌舞、陪酒、游玩等诸多娱乐，但严令杜绝此外的一切有伤风化的活动。

自这晚之后，唐与正便明白了美人的心意，不等严蕊开口，他便动用自己的关系，为严蕊迁移户籍，准许她回到故土陪伴自己的母亲。脱籍从良自是朝夕之间的事。

严蕊感激不尽，将她当成自己的恩公与知己，敬重有加。

熟料世道无常，当初的桃花很快被雨打风吹去，那两首诗词却让严蕊深陷囹圄，差点丧命。

那么关押严蕊的到底是谁呢？她又到底是因何事被抓呢？

此事与朱熹竟脱不了干系。

3. 宁死不折骨

朱熹，南宋时期理学家、思想家、哲学家、教育家、诗人。他一生成就非凡，据说八岁就读懂了《孝经》，十岁读完《孟子》，二十岁不到就考取了进士。

朱熹又为什么要跟一个手无缚鸡之力的妓女过不去呢？此事说来话长。

朱熹一生研究和推崇的是谁家理学思想。而唐与正和另一文人陈亮，他们主张的是永康学派，说白了，就是反对朱熹空谈义理这一套的。

自古文人相轻，何况他们还针锋相对，那完全就是水火不相容，朱熹又岂能容得了唐与正？

为了打击对方，朱熹便开始四处搜集有关他的罪证。

很快，他就找到了机会。彼时，他担任了浙东常平使，在短短三个月内，就搜集了唐与正诸多罪状，六次上奏章，弹劾唐与正"违法扰民，贪污淫虐"等，其中一条，就是指控唐与正与严蕊有不正当关系。

朱熹弹劾唐与正成功后，就抓来了严蕊，让她老实交代和唐与正之间的暧昧关系。可严蕊非但不招，还一口一声大呼冤枉，朱熹下令严刑拷打，也无济于事。

朱熹只好把她转押到了绍兴，让绍兴的太守来审理此案，让对方务必拿到他想要的结果。但是严蕊咬紧牙关，即使母亲跋山涉水来探监，声泪俱下地相劝，她都不愿改口。

恢复自由身并非易事，唐大人已答应帮自己脱籍，这份恩情，她不能不报。况且，她与大人清清白白，何来私情？她不能为了苟活而向恩人泼脏水。

严蕊打定主意，宁死不从。

这绍兴太守是朱熹的亲信，他先是假装好言相劝，而后严刑逼供。

严蕊虽然是身份低贱的妓女，却深知大义，不管怎么用刑，只一句话："身为贱妓，纵与太守有染，科罪不至死。然是非真伪，岂可妄言以污士大夫！"

酷刑之下，她痛不欲生，数次昏厥。那出水芙蓉的容貌，扶风弱柳的身段，曾令多少人销魂迷恋，而如今却如折断的桃花枝，鲜血滴落下来，宛如朵朵桃花。

她已经抱定了必死的决心，只是愧对养育自己多年的娘亲。

绍兴太守见状，反倒怕了，没想到一个不起眼的妓女还有这种骨气。铁骨铮铮的男儿都受不住的酷刑，她居然能拼死忍住，这情形他为官几十年来也没见过啊。

监狱里狱卒皆知，城外也早已议论纷纷，绍兴太守担心闹出人命，让自己丢了乌纱帽，只好收手作罢，只把严蕊关押，等候朱熹下一步发落。

唐与正呢？他哪里是真的想要为严蕊脱籍，只不过是一时高兴，做了点人情罢了。此时他也在忙着对付朱熹，到处搜罗朱熹的罪证，然后狠狠地在给皇帝的折子里参了他一本，告他大不孝、大肆敛财等。

宋孝宗看到两人相互弹劾的折子，差点气晕过去。两位朝廷重臣，不想着好好为国家做贡献，居然就想着互相攻讦，跟那青楼的妓女有何区别？

尤其是朱熹，堂堂理学大儒，殴打妓女，成何体统？这几天宫里的太监妃嫔们都在谈论此事，此女宁死不从，怕不是有什么隐情。

于是，孝宗一道圣旨，将两人分别降职调任。这下两人都傻眼了，而这也让严蕊的生死命运有了新的转机。

4. 洗尽胭脂粉

朱熹调走了，来接任的人叫岳霖，他是大名鼎鼎的爱国英雄岳飞的二公子。

当岳霖见到严蕊的时候，她已经气息奄奄，病体不支。岳霖顿生恻隐之心，于是令她填词一首，自陈心迹。

严蕊强撑病体，百感交集，写下一首流传后世的《卜算子》：

不是爱风尘，似被前缘误。花落花开自有时，总赖东君主。
去也终须去，住也如何住！若得山花插满头，莫问奴归处。

沦落风尘非我所愿，是前缘让人无奈，是宿命让人没有选择。花落花开都由不得我，只能靠司花之神东君来做主。

这海阔天空，大千世界，怎么就容不下一个小小的女子？我只愿归去，在一个不为人知的地方，自由自在，在那山花插满头的时候，谁也不要问我的去处。

这一字一词读来皆是血泪。

都说妓女无情，人人都以为，她们做笼中的金丝雀是最幸福的，其实不是，那根本就不是她想要的。她真正渴望的是有自由和尊严的生活，哪怕只是成为一个普通人，不用低声下气，不用倚门卖笑。

岳霖被感动了，立刻判决释放，让严蕊正式脱籍从良，回归自由。

严蕊也没有想到，她此生还能活着从牢里走出来！母女俩悲喜交加，恍如梦中。

经此一事，她宁死不屈的决心声震朝野，甚至一度盖过了争闲气而互相攻讦的朱唐二人。她的气节也赢得了赵宋皇室的注意，有一位赵公子仰慕她的人品和才学，纳她为妾，虽不是正妻，却爱如珍宝。

鸾俦凤侣，从此相携到老，这也算是严蕊最好的结局了。

陶渊明：可怜父母心，赖有宁馨儿

如今，养娃成了一件不轻松的事情，其实古今相通，再厉害的文人墨客，在养娃这方面也焦虑不已。

苏轼说："惟愿孩儿愚且鲁，无灾无难到公卿。"笨一点没关系，平平安安长大就行。

杜甫说："熟精文选理，休觅彩衣轻。"要孩子好好读书，别整天想着撒娇偷懒。

还有陶渊明，他娶过两个妻子，有五个孩子，闹得他心力交瘁。

1. 我儿普通矣

大约是393年，陶渊明二十九岁。

在浔阳郡柴桑县有一个破旧小院，一串婴儿的啼哭划破夜空，屋旁的五棵大柳树枝叶晃荡，仿佛是在欢迎新生命的到来。

陶渊明往内屋狂奔，一个趔趄。他双手颤抖着接过孩子，忍不住仰天大笑："我有儿子啦！我有儿子啦！"

不怪他激动，实在是这孩子来得太晚。

这个孩子的到来，彻底消除了他"不孝有三，无后为大"的忧心。

"俨，正躬严恪，以后你就叫俨吧。"陶渊明看着怀里宝贝小小的酷似自己的脸蛋儿，感觉心都要化了，心头突然灵光一闪。"我要送他一件礼物。"

说罢，他小心翼翼地把孩子抱到妻子身边，转身进了隔壁破旧的小书房，提笔就写了一组"命诗"，《命子·其一》为：

悠悠我祖，爰自陶唐。

邈焉虞宾，历世重光。

御龙勤夏，豕韦翼商。

穆穆司徒，厥族以昌。

这组《命子》诗足足有十首，话里话外都是对儿子的期许：我亲爱的宝贝啊，你看，我们的先祖都功勋卓越，你要好好记住，向他们学习啊！不能像我快三十岁了还闲居家中，一事无成。你必须得好好读书，才能为国家做出贡献啊！

这组写给儿子的诗，暴露了他"遗世独立"的表面下也有过一颗入世的心。喜获麟儿的同年，陶渊明终于第一次踏入官场。其实他不只是简单为了糊口，也是为了心中的抱负，他还是挺向往当一个正直有为的官的。

但是没过多久，他就丢出了一封辞职信。

官场的繁文缛节太多，又总是乌烟瘴气，还碰上个不靠谱的上司，件件事都令他头大，于是他直接选择了辞官。

回到乡里，日子又变得紧巴巴起来。孩子没什么好吃的，经常只能跟着吃点野菜喝点粥。

日渐长大的宝贝儿子，似乎没有遗传到他在文学方面的灵性，反而从小就养成了一副比父亲还"与世无争"的心性，对什么都一副无所谓的态度。整天懒懒散散，宁愿蹲在地上看三个时辰蚂蚁搬家，也不愿意去书房翻一页书。

看着孩子的背影，陶渊明第一次感受到了来自亲儿子的暴击，指望他"大济苍生"的梦想怕是要破灭了。

2. 后浪不如前

405年秋，陶渊明为了养家糊口，来到离家乡不远的彭泽当县令。

一个傲慢的督邮让陶渊明去见他，陶渊明无法忍受，喊出了那句"吾不能为五斗米折腰，拳拳事乡里小人邪"，很快又离开了，只当了八十多天的县令。

家乡的风景倒是很美，只是赋闲在家的日子过得很清苦。天时不利，风雨不调，水涝歉收，农民赋税沉重，他种田技术又不行，"草盛豆苗稀"的日子着实窘迫。

第一任妻子病逝以后，他又再娶了一位，到现在家里已经有了五个娃，日子全靠强大悠然的心态撑着。

有一天，他带着儿子荷锄而归，突然兴起，想考察下几个儿子的学习状况。

二儿子份（小名阿宣）一听到要问功课，直接扔下锄头捂起耳朵就逃。

大儿子俨（小名阿舒）都十六岁了，回来时就没见他踪影，找了几圈才发现他躲在一棵大树下，口里叼着根茅草根在睡觉。看着这条名副其实的"大懒虫"，陶渊明感觉到一股怒火压不住地往头顶蹿。

双胞胎阿雍和阿端都十三岁了，问他们家里一共有几个人都还数不清楚。

再看看老幺，圆乎乎的倒是可爱，可是一天到晚只晓得到处打板栗、找梨子吃，也丝毫没有遗传到自己好读书的基因。

真是一窝"熊孩子"！想想自己已经两鬓斑白，咋就没有一个孩子有点出息呢？陶渊明苦笑着摇了摇头，走到桌前端起酒杯一饮而尽，写下了这首《责子》诗：

> 白发被两鬓，肌肤不复实。
> 虽有五男儿，总不好纸笔。
> 阿舒已二八，懒惰故无匹。
> 阿宣行志学，而不爱文术。
> 雍端年十三，不识六与七。
> 通子垂九龄，但觅梨与栗。
> 天运苟如此，且进杯中物。

短短七句诗把五个孩子都骂了一个遍，字里行间满是一个老父亲的无奈与自我调侃。

陶渊明不是一般人，五个孩子都让他"愿尔成才"的希望落空，他也想得开。

自己天天念叨"不戚戚于贫贱，不汲汲于富贵"，甘心做个农民，也不怪儿子不求上进，全都不如自己，于是他选择了端起一碗酒，且饮且宽心。

网上有一个话题叫作：你能接受你的孩子不如你自己吗？

这是一个让为人父母的人看了万分扎心的话题。有人总结说：我可以接受孩子的学历不如自己，但是不能接受孩子的学习经历不如自己。

真正的快乐教育不是怎么快乐怎么来，必须是要给孩子好的环境去激发孩子的潜能，从而培养孩子的兴趣，让他更好地成长。

只有快乐没有教育，孩子怎么能成长好呢？陶渊明老先生似乎并没有悟到这个道理。

3. 儿孙自有福

大约在421年，久卧病榻，已经五十多岁的陶渊明感觉自己沉疴难愈了，心中不免蒙上一层愁云。

尽管他早已看淡荣辱和生死，没有什么好遗憾的，但是一想到孩子们，他又忍不住感慨万千。于是，他抱着写遗言的态度，强撑着病体为孩子们写下了《与子俨等疏》。

他回忆自家的生活，"少而穷苦，每以家敝，东西游走"。对于自己没能给孩子更好的生活环境，他心里是有愧疚的，但是对于这种人生选择，他并不后悔。

他只是遗憾，没能更多地陪伴孩子们。孩子们长期跟着他过苦日子，做粗重的活，没读什么书，也不是一个母亲所生，将来该何去何从呢？他在《与子俨等疏》中写道：

兄弟同居，至于没齿。济北氾稚春，晋时操行人也，七世同财，家人无怨色。《诗》曰："高山仰止，景行行止。"虽不能尔，至心尚之。

回想这一生，尽管生了五个孩子，可五个孩子都没有按他预想的方向来发展。

陶渊明写着写着忽然想明白了：孩子都有属于他们自己的路要走，所以他只寄望于孩子们能做品格高尚的人，兄弟相亲相爱，平安一生。

孩子都是独立的个体，他们借助父母来到这个世界上，却并非作为我们的附属品而来。家长用自己画的蓝图去衡定孩子的成长，势必会大失所望，或者会把孩子逼向另一个方向，唯有以尊重为前提的引导，才能激发孩子成长的内驱力。

为人父母一场，都不得不接受："我的孩子就是一个普通人"，"后浪未必胜过前浪"，"孩子借助你来到这个世界，却非因你而来"。

但是接受不等于不作为，接受不等于破罐子破摔，接受其实是为了更好地顺应孩子的成长规律，让他获得更好的成长！

陶渊明无疑是一位伟大的诗人，他的清高淡泊，他的安贫乐道都让他成为一个有着独特精神魅力的人。但从教育的层面来说，他太过于淡定，对于孩子的教育一度选择了"弃疗"，这其实是失职的表现。所谓最好的教育，应该是父母不断地自我成长，并且拼尽全力帮助孩子成为最好的自己。

正如纪伯伦曾在《你的儿女其实不是你的》这首诗里写道的那样：

你可以给予他们的是你的爱，却不是你的想法，

因为他们有自己的思想。

你可以庇护的是他们的身体，却不是他们的灵魂，

因为他们的灵魂属于明天，属于你做梦也无法达到的明天。

柳永：且行且吟唱，白衣称卿相

在汴京的宰相府前，一位年轻人踌躇地递上拜帖。

他是来见晏殊的。

晏殊，人称太平宰相，又被奉为北宋词坛的领袖，身居高位，为人却很大度圆融，最喜欢提拔后辈。

晏殊招待了这位不速之客，寒暄道："贤俊作曲子吗？"

对方不知道是紧张，还是急于和对方拉近关系，回复道："只如相公亦作曲子。"

晏殊笑了："殊虽作曲子，不曾道'针线慵拈伴伊坐'。"

这句"针线慵拈伴伊坐"出自年轻人的《定风波·自来春》，这阕词在市井中被广为传唱，写的是闺阁哀怨和男女艳情，字眼颇为旖旎，难免被士大夫们所轻视。

年轻人顿时坐不住了，主动告辞，原本想请晏殊帮携的心思更是歇了。他知道，自己又一次被浮艳名声所误。

他暗恼，他不忿，他倚红偎翠图一醉。但他不知道，他那些所谓的俗语俚词，将书写宋词最美的情味；而他的名字，尽管与金榜无名，却将永留史册。

1. 少年风流，名噪天下

1002年，杭州的夏天又来了，接天莲叶，映日荷花，给湖光山色更添了许多风情。

这时节最适合宴饮了，携几位美姬，再邀上友人，以赏花为名，就能组个风雅的饭局。喝着酒，听着丝竹之乐，有美姬殷勤地磨墨添香，此情此景，如堕温柔乡，不必抓耳挠腮，自有好词涌上心头。

好词一出，众人传唱，若传到杭州知府孙何的耳里，何愁没有好前程？时人最是爱才，杭州又最是风流多情，不知涌出了多少佳话。不过，这年夏天最耀眼的才子，是一个叫柳永的外乡人。

东南形胜，三吴都会，钱塘自古繁华。烟柳画桥，风帘翠幕，参差十万人家。云树绕堤沙，怒涛卷霜雪，天堑无涯。市列珠玑，户盈罗绮，竞豪奢。

重湖叠巘清嘉。有三秋桂子，十里荷花。羌管弄晴，菱歌泛夜，嬉嬉钓叟莲娃。千骑拥高牙，乘醉听箫鼓，吟赏烟霞。异日图将好景，归去凤池夸。

杭州有多美呢？透过这阕《望海潮》，隐约可见几分：柳是细腰肢，水是含情目，芙蓉是美人面，那莺歌燕舞时长时短，又像是声声呢喃。处处都有情味，风里吹来了箫声，呜咽地诉说着才子佳人的故事。

与其说这是一阕词，不如说这是一幅画，柳永用他沛然的才力，将所见所闻绘于笔下，让整个杭州城活色生香。

据说，这首词是柳永特意写给杭州知府孙何的。柳永有心拜谒对方，无奈对方门禁森严，将许多求见的才子拒之门外。

于是柳永另辟蹊径，写下这首词，然后教给当地的名妓，嘱咐她：如果孙知府家里办宴会，邀你上门，你不用唱别的，把这首词唱给他听。

名妓应允了。没多久，她果然受邀去了孙知府家里，在宴会上，她用婉转的歌喉唱出了这首《望海潮》。席上宾客都惊艳不已，孙知府也不例外，主动询问歌姬，歌姬报出柳永的名字，次日，孙知府就召见了柳永。

谁人不爱多情少年郎呢？彼时，柳永才十九岁，凭着这首词，他名噪一时。

很快，众人开始打听柳永的来头：这位精才绝艳的词人究竟出身何处？

柳永生于费县，彼时，他的父亲正出任费县县令，虽然官职不算很大，但柳家却是实实在在的官宦世家。

柳永的少年时代，都在随父亲柳宜迁移，从费县到全州后到扬州，柳宜的仕途越来越顺。也许是耳濡目染，柳永自小就聪颖好学，和两个哥哥相比，才学有过之而无不及。

997年，柳宜升任国子博士，让弟弟携画像回故乡崇安，以慰母亲的思念之情，柳永陪同叔叔返乡，此后便开始了漫长的游历时光。他游览名胜古迹，跋涉高峰大川，沉迷勾栏市井，留下了不少温香软玉的浪漫故事，当然，还有很多脍炙人口的笔墨。

2. 金榜无名，流连烟花

1009年，春闱即将开始，柳永踌躇满志。

为了这场科考，他早早就赶到了汴京，只等着金榜高中，骑马看尽春日花。但他万万没想到，自己竟然落榜了。

一首《鹤冲天·黄金榜上》就此横空出世。

黄金榜上，偶失龙头望。明代暂遗贤，如何向。未遂风云便，争不恣游狂荡。何须论得丧？才子词人，自是白衣卿相。

烟花巷陌，依约丹青屏障。幸有意中人，堪寻访。且恁偎红倚翠，风流事，平生畅。青春都一饷。忍把浮名，换了浅斟低唱。

此词一出，犹如惊雷，在官场引起轩然大波，人人都在感叹：这后生真是恃才傲物，怎能如此狂妄？

细细品来，这份狂妄里更多的是心酸和赌气，他怎么会真的甘心从此流连青楼、不问仕途？不，他做不到，他还有满腔期许。学得文武艺，就是为了售与帝王家呀，何况他曾那样年少得志？

说什么丢弃浮名，不过是他发牢骚而已。但他到底年轻，丝毫没有想过，这番牢骚落到有心人耳里，只会对他更加不利。果然，六年后，柳永再次参加科考，再次落榜。

他依然心有不平，写下《征部乐·雅欢幽会》，抒发失意的苦闷。三年后，他又鼓起勇气参加科考，结果却仍不尽如人意。这一次他的长兄终于进士及第，而他依然名落孙山。

有人说，这是因为柳永放荡不羁，在汴京城不过数年，却是青楼常客，游走于各色莺莺燕燕之中，所作笔墨也多是写给歌姬的，艳丽浮华，而真宗皇帝最不喜奢靡浮夸。

其实，从他后来的《醉蓬莱》这首词中，我们大致可以窥得柳永的悲剧源头。

渐亭皋叶下，陇首云飞，素秋新霁。华阙中天，锁葱葱佳气。嫩菊黄深，拒霜红浅，近宝阶香砌。玉宇无尘，金茎有露，碧天如水。

正值升平，万几多暇，夜色澄鲜，漏声迢递。南极星中，有老人呈瑞。此际宸游，凤辇何处，度管弦清脆。太液波翻，披香帘卷，月明风细。

这首词是应制之作，也是柳永对宋仁宗的告白，他极尽所能，描绘太平盛世，歌颂帝王功业。短短一阕小词，完全不同于以往的俚俗，典故和传说信手拈来，处处对偶，形态工整。

据宋人笔记，这是有官员怜惜柳永落榜，将他引荐给宋仁宗。柳永激动不已，用心雕琢了这首词，希望能够打动仁宗，没想到，仁宗却并不喜欢。

"此际宸游，凤辇何处"，这句化用了仁宗写给真宗的挽联，仁宗自然不快；后文的"太液波翻"，也被仁宗挑刺："何不言波澄？"

很显然，柳永没有抓住这次机会，不仅没有如愿得到官职，还给仁宗留下了不太好的印象。

1024年，柳永第四次参加科考，也第四次落榜了。

仁宗甚至直接放话了：既然你想要"浅斟低唱"，何必在意虚名？他划去柳永之名，命他"且去填词"。

自此，柳永愤而出京，漫游渭南、鄂州等地，把功名之心默默埋在心里，投身花街柳巷，在温柔乡里寻找安慰。

3. 雅俗并陈，一代词宗

1034年，朝廷特开恩科，对以往落榜的才子放宽录取尺度，柳永听闻消息，积极应考，并且成功考上。

这年，他已经五十来岁了。

此后他陆续出任余杭县令、泗州判官、太常博士、屯田员外郎等职，也做了不少利国利民的功绩，小有官声。

不过，他或许做梦也没想到，真正让"柳永"这个名字熠熠生辉的，绝不是他汲汲半生争取来的仕途，而是他浪荡几十年的市井生涯。

如果没有柳永，宋词会苍白很多吧？

我们不会领略到慢词之美，因为他是第一个大量创作慢词的人，在舒缓的曲调中，将百般情绪娓娓道来。比如在这首《八声甘州》里，羁旅之苦、失意之痛和形影之孤交织错杂，层层侵染，入骨，也入心。

对潇潇暮雨洒江天，一番洗清秋。渐霜风凄紧，关河冷落，残照当楼。是处红衰翠减，苒苒物华休。唯有长江水，无语东流。

不忍登高临远，望故乡渺邈，归思难收。叹年来踪迹，何事苦淹留？想佳人妆楼颙望，误几回、天际识归舟。争知我，倚阑杆处，正恁凝愁！

我们也不会领略到俚俗之美，因为他最擅长描写市井生活，也最喜欢通俗化、口语化的表达。比如这首《雨霖铃》，把天下有情人的离愁别绪，写到淋漓尽致，让人为相思断肠。

寒蝉凄切，对长亭晚，骤雨初歇。都门帐饮无绪，留恋处、兰舟催发。执手相看泪眼，竟无语凝噎。念去去、千里烟波，暮霭沉沉楚天阔。

多情自古伤离别，更那堪、冷落清秋节。今宵酒醒何处?杨柳岸、晓风残月。此去经年，应是良辰好景虚设。便纵有千种风情，更与何人说?

我们更不会如此深刻地领略到真情之美。因为他流连烟花处，看似薄情，实则多情，一支笔始终在为风尘女子画像。凡有井水饮出，皆歌柳永词。他看穿了市井小人物的辛酸苦楚，为她们写词；而她们也读懂了柳永词背后的落寞寂寥，回赠了一场"吊柳会"。

1053年，柳永与世长辞。

谢玉英、陈师师、赵香香等名妓，纷纷感他知己之恩，凑钱为他安葬。送葬那日，全城歌妓都自发前来，半城缟素，一片哀声，上演了"群妓合金葬柳七"的佳话。

自此，这位白衣卿相的传奇人生落幕。

卓文君：愿得一心人，白头不相离

爱情是什么呢？

是见色起意。你望我一眼，我许你一生，只因为你眉眼如桃花，在我心里开成春天，来势汹汹。

是豪赌。走出闺阁，抛弃锦衣和玉食，奔向新的生活，不知会遇到何人，遭遇何事，但我义无反顾。

是死生契阔。发尽千般愿，道尽百般缠绵，约定着生同衾、死同穴，在烟火尘世里找到同伴。

卓文君觉得，她和司马相如是相爱的。

1. 君心已无忆

蜀中临邛（今四川邛崃），一位相貌清秀却未施粉黛的女子倚着窗儿，凝神很久了。

"自从长卿（司马相如的字）得到汉武帝的赏识，去京城长安赴任，已经很久没写信来了。我一封封信寄过去，竟也莫名没有回音，他是怎么了……"

正在这时，一位官差登门，交给她一封信，并告知大人盼她速回。

信封上写着"文君亲启"，熟悉的笔迹令她心头一热。她惊喜着赶紧拆开，很快，笑容便从她脸上消失了，随之两行清泪簌簌而落，浸湿了信纸，晕染了文字。

"一二三四五六七八九十百千万。"

她可是蜀中赫赫有名的大才女卓文君啊，只一眼，她便明白了这封十三字家书的意思。

"无忆，好一个无忆，这么多年的深情到底是错付了！"卓文君又笑了，只是这笑混满了苦涩的泪。

卓文君拭去眼泪，在桌前回复了一首《怨郎诗》：

一别之后，二地相悬。只说是三四月，谁又知五六年？七弦琴无心弹，八行书无可传。九连环从中折断，十里长亭望眼欲穿。百思想，千系念，万般无奈把郎怨……

可是，曾经的种种美好，还是压不住向脑海翻涌，与今日之薄情犹如冰火相撞。她感觉身体微颤，立马深吸一口气，努力收敛住了慌乱的心神，又提笔写下《白头吟》：

皑如山上雪，皎若云间月。

闻君有两意，故来相决绝。

今日斗酒会，明旦沟水头。

躞蹀御沟上，沟水东西流。

凄凄复凄凄，嫁娶不须啼。

愿得一心人，白头不相离。

竹竿何袅袅，鱼尾何簁簁。

男儿重意气，何用钱刀为。

爱应该像山上雪，两情相映，纯洁无瑕；爱应该像云间月亮，两心相许，明亮无疑。

多么可惜啊，他们明明曾经拥有过这样的爱，为何消散了呢？

2. 当日凤求凰

她永远都不会忘记，数年前那日，屏风外，一位叫作司马相如的翩翩公子，为她弹了一曲《凤求凰》。

她沉寂干枯多年的心被琴声唤醒。

　　月色朗朗，她悄悄溜出家门，与司马相如相拥在河畔，两两相望，彼此眼眸中的光彩，代替了所有的情话。

　　她很笃定，有些人错过了可能就是一辈子，她必须要把握住。所以，哪怕没有父母之命和媒妁之言，她一个年纪轻轻的寡妇，也愿为爱出走，奔向一个只见过一面的男子。这是何等离经叛道，又是何等热烈与浪漫！

　　绝世才女，就应当匹配绝世才子，任何事情都阻止不了这两颗心的靠近。

　　他们志趣相投，才貌相称，又同样遭受命运捉弄。当真是天生一对，仿佛之前的种种不如意，都只是为了这一刻的相聚相守。

　　当初有多美好，如今郎君心变，她就有多悲戚。

　　这首《白头吟》，道尽了卓文君的委屈和心痛。

　　诗的开头，是文君对曾经的追忆，也是对极致美好爱情的颂扬。正如一位当代作家所说："世间美好皆无法永恒，当我们看到极致时，也是我们要学习接受失去它的时候。"

　　两千多年前，卓文君已经通透地认清了这一事实。于是，在诗的第二句，她一个急遽突转点出了这首诗的主题：既然你对我的爱情已不再皎如明月，既然你已心怀二心，那我们就分手，永远断绝。

　　喝了这杯诀别酒，明晨就在御沟分道扬镳吧，就像御沟中的流水一样。

　　卓文君的爱是热烈的。人生苦短，当爱情降临时，她奋不顾身，不问值与不值，不计较可不可以，痛快地投身于爱。

卓文君的爱也是刚烈的。当君已无意，当爱已不在，那她也绝不流连。斩断心头情丝，告别心头旧人，潇洒地转身离去。

3. 垆边人似月

文君私奔，这是让历代多少文人艳羡的佳话？

人说女子出嫁要十里红妆，还要泪别双亲，哭哭啼啼。何必呢？想当初文君离家是多么果决。

她以为自己嫁了专心恒一的如意郎君，她以为一定能相守到白头。哪怕当时他们家徒四壁，流言纷飞，也不曾有过悔意。

她典当首饰，和司马相如回到临邛，开了家小酒店。

文君作为老板娘，亲自上柜打理，为顾客打酒。她分明是首富的女儿，千娇百宠着长大，又生得美貌如花，何曾沾过阳春水？连《西京杂记》上都要特别称赞一句："眉色如望远山，脸际常若芙蓉。"

谁能不渴望娶得如此佳人呢？她集风花雪月与柴米油盐于一身，是最理想的妻。司马相如便是那个幸运儿，他亦感恩，系上围裙，当众挽起袖子来洗涤酒器，与文君过着简朴却温馨的日子。

白天当垆卖酒，晚上对月抚琴，他们痛苦并快乐着。累了、乏了，他俩就相视一笑，疲惫竟能立马消散。

这或许就是爱，抵住人间烟火的煎熬，抵住清贫如洗的折磨，即使身处一地鸡毛中，也能让人胸腔中生出温暖，久久不灭。

两人的事迹很快传开，卓王孙终究还是心疼女儿，不忍见她流离失所，接受了司马相如这个女婿。他出人出钱，让这对小夫妻安顿下来，豪宅美婢地供养着，也积极帮女婿铺开青云路。

过了几年，才华盖世的司马相如因赋而红，尤其是《上林赋》颇得汉武帝的赏识。

自古以来，共患难容易，同富贵难。司马相如终于等到了官运亨通的一天，他和文君可以过好日子了，只是，自己的心好像定不住了。

或许是因为日久生倦，也或许是觉得身边少了一儿半女。在不知不觉中，他们已经越来越疏离。最终，他直言要娶茂陵（今陕西兴平）女子为妾了。

正如《诗经》所云："桑之未落，其叶沃若。""桑之落矣，其黄而陨。"或许，世界上本就没有什么注定的天长地久，有的只是痴情女子负心汉，从古至今，有太多太多惨痛的案例了。

爱何其璀璨，又何其易逝，谁能接受这顷刻间的翻天覆地？但是即使如此，卓文君也明确表态，我不会哭闹着去博取同情，那样只会贬低了自己。

她说，男女情投意合，如鱼得水，可爱又充满柔情。男子应当以情谊为重，抛却真情，有再多钱财珍宝又有何意义？

卓文君是感性的，她相信真爱无价，也愿意珍惜爱情如鱼得水般可爱的模样；卓文君也是理性的，她早就看清了彩云易散琉璃脆的事实。

在诗的最后，她发出了铿锵的劝诫：好男儿都应当以情谊为重，否则一切都是空谈。

司马相如收到妻子的回信，不禁心头一震，昔日与妻子琴瑟相合、患难相随的日子一幕幕再现。

年华匆匆，他的妻子依然是那个热烈如红玫瑰的女子，敢爱敢恨，而他却变了，再无从前的书生意气，沾染了许多名利与世俗。

很快，司马相如便把卓文君接到了长安，并且再也不提纳妾之事。

他们再也没有分开过，又一起度过了十年岁月，直到司马相如老年病重而去。李白在他的《白头吟二首·其一》中也提到这件事：

相如作赋得黄金，丈夫好新多异心。

一朝将聘茂陵女，文君因赠《白头吟》。

东流不作西归水，落花辞条羞故林。

两人因一首诗终得白头偕老，感动后世数千年，但是墙上钉钉子，钉子拔了，痕迹还在，卓文君还会过得幸福吗？

真相已经模糊在岁月长河中，但无论如何，这首诗里，卓文君所表露出来的勇气和决绝，敢爱敢恨，值得后人钦佩。

她提醒了我们，在爱情与婚姻中，无论我们多么爱对方，都应该保持适度的清醒和独立人格，因为没有人可以做你一辈子的避风港。

从另一个方面来说，卓文君能在遇到爱情时，勇冲藩篱去争取，能在丈夫险些背弃她时，冷静地做出抉择，最后还能靠一支笔就挽回婚姻，这与她有才华、有家世、有智慧和有见识密不可分。

再看看世间那些囿于爱情的痴男怨女，与其在苦苦追逐中迷失，倒不如去花更多心思提升自己的综合实力。毕竟，想要爱情长久，婚姻稳固，最终拼的还是"势均力敌"。